孙 子 兵 法 新 注

中国人民解放军军事科学院
战争理论研究部《孙子》注释小组

中 华 书 局

图书在版编目(CIP)数据

孙子兵法新注/中国人民解放军军事科学院战争理论研究部《孙子》注释小组注. —北京:中华书局,1977.2(2023.6 重印)

(中国古典名著译注丛书)

ISBN 978-7-101-00642-1

Ⅰ.孙… Ⅱ.中… Ⅲ.①兵法-中国-春秋时代②孙子兵法-注释③孙子兵法-译文 Ⅳ.E892.25

中国版本图书馆 CIP 数据核字(2005)第 000150 号

责任印制:管 斌

中国古典名著译注丛书

孙子兵法新注

中国人民解放军军事科学院
战争理论研究部《孙子》注释小组

*

中 华 书 局 出 版 发 行

(北京市丰台区太平桥西里 38 号 100073)

http://www.zhbc.com.cn

E-mail:zhbc@zhbc.com.cn

北京新华印刷有限公司印刷

*

850×1168 毫米 1/32 · 4½印张 · 2 插页 · 82 千字
1977 年 2 月第 1 版 2005 年 1 月第 2 版
2023 年 6 月第 24 次印刷
印数:625601-627600 册 定价:18.00 元

ISBN 978-7-101-00642-1

目　录

略谈《孙子》

　　《孙子》又称《孙子兵法》，是我国现存最早的古代军事名著，产生于奴隶制向封建制过渡的社会大变革时期。据史书记载，它是我国古代大军事学家孙武所著。孙武为春秋末期齐国人，其生卒年月不可考，约与孔丘同时期，活动于公元前六世纪末至前五世纪初。他从齐国出奔到南方的吴国，经吴王重臣伍子胥的推荐，吴王阖庐知他善于用兵，便重用为将。他同伍子胥辅助吴王经国治军，对于吴国的崛起，"西破强楚，入郢，北威齐晋，显名诸侯"（《史记·孙子吴起列传》），起过重要作用。

　　《孙子》一书，总结了春秋末期及其以前的战争经验，反映了新兴地主阶级与奴隶主阶级两种军事思想的斗争，是新兴地主阶级军事理论的奠基作。它问世后，对我国古代军事思想的发展，曾产生过重大影响，在哲学史上也占有相当地位。早在战国时期，《孙子》就广为流传。韩非在《五蠹篇》中说："境内皆言兵，藏孙、吴之书者家有之。"战国军事名著《吴子》、《孙膑兵法》、《尉缭子》等就引用并发挥了《孙子》的若干军事思想。1972 年在山东临沂银雀山一座西汉墓葬中，发现迄今最早的竹简《孙子》等大量兵书残简，说明西汉时《孙子》流传也是很广的。三国著名军事家曹操称赞《孙子》说："吾观兵书战策多矣，孙武所著深矣"（《曹操集·孙子序》），并对《孙子》作了注释。唐太宗李世民同其名将李靖问对兵法时，十分赞赏《孙子》,说:"观诸兵书,无出孙武。"(《李卫公问对》)总之,从战国以来,《孙子》为历来军事家所重视和推崇。在国外,《孙子》也影响颇大,早就有日、英、法、德、俄等文译本流传于世。

毛泽东同志曾经指出:"在中华民族的开化史上,有素称发达的农业和手工业,有许多伟大的思想家、科学家、发明家、政治家、军事家、文学家和艺术家,有丰富的文化典籍。"(《中国革命和中国共产党》)又说:"中国的长期封建社会中,创造了灿烂的古代文化。清理古代文化的发展过程,剔除其封建性的糟粕,吸收其民主性的精华,是发展民族新文化提高民族自信心的必要条件。"(《新民主主义论》)遵照毛泽东同志的这些教导,为了批判地吸取历史上军事斗争的经验,为现实国防建设服务,我们力求运用辩证唯物主义和历史唯物主义的立场、观点、方法,对我国古代军事名著《孙子》作初步的探讨和注释,以期达到"古为今用"的目的。但由于我们水平有限,错误和不妥之处,在所难免,热忱欢迎读者批评指正。

《孙子》全书共十三篇,论述了"计"、"作战"、"谋攻"、"形"、"势"、"虚实"、"军争"、"九变"、"行军"、"地形"、"九地"、"火攻"、"用间"等问题。在这些问题的论述中,孙武揭示出一些具有普遍意义的军事规律,有些至今仍有其科学价值。现简介如下。

一、提出了以"道"为首的战争制胜条件

对战争和制胜条件的看法,在社会制度大变革、阶级斗争非常激烈的春秋战国时期,是新兴地主阶级同没落奴隶主阶级在上层建筑领域内斗争的一个重要方面。《孙子》开宗明义就说:用兵打仗关系着国家的生死存亡,是不可不认真研究考察的,所以要"经之以五事,校之以计而索其情",即必须从"五事"和"七计"等客观实际出发,分析、比较敌对双方的各种条件,以探求战争胜负的可能性。所谓"五事",即"道"、"天"、"地"、"将"、"法";所谓"七计",

即"主孰有道？将孰有能？天地孰得？法令孰行？兵众孰强？士卒孰练？赏罚孰明"等七个方面的情况。所有这些，都是客观存在于战争双方并关系到战争胜败的东西。由此可见，孙武对战争胜负的认识，属于早期战争问题上朴素唯物论的认识论，同当时代表没落奴隶主阶级的儒家所鼓吹的"军旅有礼，故武功成"（《礼记·仲尼燕居》）、"有礼无败"（《左传·襄公二十六年》）等唯心主义的谬论，是根本对立的。

孙武所论述的制胜条件，触及了战争中一些带根本性的问题。"五事"、"七计"，包括了"民"对战争的态度，天时地利，将领的指挥能力，军队的组织、制度、训练程度、战斗力的强弱，以及赏罚和纪律等等方面。特别值得指出的是，孙武在论述"五事"、"七计"时，把"令民与上同意"的"道"这个属于政治范畴的重要条件放在首位，表明他在一定程度上已经朴素地认识到战争与政治的关系，这对于二千多年前的古人来说，确是难能可贵的。孙武重视"民"的作用，从山东临沂出土的汉墓竹简《吴问》中也可得到印证。《吴问》记述了孙武同吴王关于晋国六将军"孰先亡"、"孰固成"的问对，孙武从范、中行、智、韩、魏、赵六家新兴封建主所施行田亩制的大小和赋税轻重不同，说明亩大、税轻者为"厚爱其民"，可以"固成"。当然，孙武所说的"令民与上同意"的"道"，是反映新兴地主阶级利益和意志的"道"，是属于他那个阶级的政治。

二、揭示了"知彼知己，百战不殆"的普遍军事规律

孙武在历史上第一次用简明扼要的语言概括出"知彼知己，百战不殆"这样一个具有普遍意义的战争指导规律，这是前无古人的，是《孙子》军事思想的精华。

毛泽东同志对于这一思想曾给予很高的评价，指出："中国古代大军事学家孙武子书上'知彼知己，百战不殆'这句话，是包括学习和使用两个阶段而说的,包括从认识客观实际中的发展规律,并按照这些规律去决定自己行动克服当前敌人而说的;我们不要看轻这句话。"(《中国革命战争的战略问题》)又说:"孙子的规律,'知彼知己,百战不殆',仍是科学的真理。"(《论持久战》)毛泽东同志的评价,为我们探索《孙子》精华指明了正确的途径。

"知彼知己,百战不殆"这一军事名言,不仅揭示了战争指导者对彼己情况的了解与战争胜负之间的关系,而且也指明了在了解彼己情况的基础上,找出双方行动的规律,并按照这些规律去确定自己的作战行动,以战胜敌人。这就把"知"与"战",把"胜可知"与"胜可为"结合了起来,把认识和运用规律结合了起来。这是孙武对我国军事思想的一大贡献。

孙武揭示"知彼知己,百战不殆"这一普遍军事规律时,还对"知"与"战"的关系作了比较详细的阐述。如他把了解敌情提到"三军之所恃而动"的重要地位,用专篇论述了使用间谍掌握敌国情况的问题;提出了许多作战行动中侦察判断敌情的原则和方法,以及在各种敌情、地形条件下军队行动的原则等。在知己方面,提出了"上下同欲"、"识众寡之用"、"以虞待不虞"、"知吾卒之可以击"与"不可以击"等等。他要求将帅考虑问题要"杂于利害",见利思害,居害见利,力求全面;同时,要"因利而制权",把握有利战机,正确确定自己的行动方针。

孙武运用"知彼知己,百战不殆"这一普遍军事规律,在了解当时各诸侯国情况的基础上,从战争经验中总结出了若干有价值的作战指导原则,如"先胜而后求战","示形"、"动敌","我专而敌分","避实而击虚","因敌而制胜",等等。

"先胜而后求战",就是在了解彼己强弱胜负之情的基础上,有充分的应敌准备,"先为不可胜,以待敌之可胜",使自己"立于不败之地",有把握取胜而后求战。反对那种既不作周密考虑和准备而又盲目轻敌的"先战而后求胜"的错误做法。这一思想,是稳妥而积极的。

"示形"、"动敌",就是用"示形"的方法,用"诡道"诱骗和调动敌人;同时,注意不为敌人所调动,即所谓"致人而不致于人",使作战的自由权稳操于自己手中,迫敌处处陷入被动,以便"攻其无备,出其不意"地打击敌人。这一原则,是有其重要价值的。

"我专而敌分",就是作战中要造成"以镒称铢"、"以碫投卵"的兵力优势,使"我专为一,敌分为十",从而达到"以十攻其一"、"以众击寡"的目的。孙武这个"我专而敌分"的原则,为历来军事家所赞赏,曾给予很高评价。

"避实而击虚",就是从了解、分析敌我情况中,找出敌人的虚实所在,避开敌人力量坚实之处,打击其虚弱之点,"避其锐气,击其惰归",以达到"攻而必取"的目的。

"因敌而制胜",就是要求随时随地了解变化不定的敌我双方情况,并针对当面的敌情,灵活地变换自己的战法,所谓"兵无常势,水无常形,能因敌变化而取胜者,谓之神"。这一原则,反映了孙武主张战争指导上的灵活性,反对一成不变的机械观点。这种思想,在《孙子》中体现得比较充分,例如:它强调要根据不同敌人的不同情况而采取不同的对策,如"利而诱之,乱而取之"之类;根据敌我兵力对比的不同而采取不同的战法,如"十则围之,五则攻之……"等等;另外还要求根据不同的地形条件,采取不同的行动方针,这在《行军篇》、《地形篇》、《九地篇》中都有较详细的论述;在《九变篇》中所提到的"途有所不由,军有所不击,城有所不攻,地有所不争,君命有所不受",则包含着更大的灵活性,要求将帅要懂得临机处置的重要。总之,孙武认为,战争中情况是千变万化的,必须在作战指导上做到"战胜不复，而应形于无穷"，"动而不迷，举而不穷"，充分发挥将帅的指导能力，灵活机动地战胜敌人。

三、反映了较丰富的朴素唯物论和原始辩证法思想

《孙子》之所以能够提出若干较精辟的军事理论原则，是有其深刻的思想原因的。从《孙子》十三篇中不难看出，孙武在论述兵法的过程中，反映出不少朴素唯物论和原始辩证法思想。如他在分析研究战争、判断战争胜负可能性时，能够从一些客观条件入手，并较充分地估计到了战争对客观条件的依赖关系。特别值得指出的是，他对于"道"和"天"的解释是朴素唯物论的。《孙子》中的"道"，不是虚无不可捉摸的超时空的东西，而是指的新兴地主阶级的政治，是"令民与上同意"等客观实际。《孙子》中的"天"，不是什么神物，而是"阴阳、寒暑、时制"等自然现象。他还认为，"先知者，不可取于鬼神，不可象于事，不可验于度，必取于人，知敌之情者也"。这充分表明，孙武对于了解敌情，既不信鬼神和"天命"，也不用历史事件去类比和推论，而是从真正了解敌情的人取得。这种朴素唯物论的思想，同当时社会上所流行的"畏天命"、"敬鬼神"等唯心论的说教，是针锋相对的。

毛泽东同志曾经指出："辩证法的宇宙观，不论在中国，在欧洲，在古代就产生了。但是古代的辩证法带着自发的朴素的性质，根据当时的社会历史条件，还不可能有完备的理论，因而不能完全解释宇宙。"（《矛盾论》）孙武在探讨战争规律的过程中，也表现了这种朴素辩证法思想的特点。他直观地看到了关于敌我、攻守、胜败、虚实、奇正等一系列对立现象，并要求人们在战争活动中要注意对立着的两个方面的情况。如了解情况时要"知彼知己"，考虑问题时要"杂于利害"，军争时要估计到"利"与"危"，等等。对于"治乱"、"勇怯"、"强弱"、"劳逸"、"饥饱"等等矛盾着的现象，孙武

朴素地认识到它们是可以变化的,如"乱生于治,怯生于勇,弱生于强","逸能劳之,饱能饥之,安能动之",等等。在认识自然现象时,他看到了天地、日月、江河、四季的不断运动,并用自然现象的变化无穷来比喻用兵方法的灵活多样。这种思维方法,也具有辩证法的因素。当然,孙武对事物发展变化规律的认识是粗浅的,甚至认为只是周而复始,不断重复,因而没有脱出"循环论"的窠臼。

《孙子》一书所论述的军事问题及其反映的哲学思想,虽然达到了当时所能达到的高度,但由于它是由奴隶制向封建制过渡时代的产物,所反映的是新兴地主阶级的军事思想,这就不能不带有剥削阶级的烙印,受到阶级和时代的局限。对此,我们必须用马列主义、毛泽东思想加以批判。

孙武所代表的新兴地主阶级,毕竟仍是剥削阶级,与广大劳动群众之间存在着阶级对立和根本的利害冲突。这种阶级矛盾也必然在军队内部关系和作战指导思想中反映出来。从《孙子》中可以清楚地看到:士卒被迫出征打仗,将帅们因害怕士卒逃亡,主张深入到敌国"重地"去作战;为了驱使士卒拼命作战,玩弄种种剥削阶级的手段,主张"投之亡地然后存,陷之死地然后生","登高而去其梯"等等;将帅们不敢将真情告诉士卒,于是采用愚兵政策,如"愚士卒之耳目,使之无知","犯之以利,勿告以害"等等,以此来达到其指挥士卒"若驱群羊"的目的。所有这些,都是剥削阶级阶级本性的反映。

孙武所论述到的作战指导原则,有些问题也存在着明显的局限性和片面性。如他过分地强调速胜,说什么"兵久而国利者,未之有也",就太绝对了。一般地说,在战争问题上,无不要求速胜,但是,就进步战争而言,在一定条件下,战略上采取持久作战的方针,不但是必需的,而且是可能的。在战争指导问题上,孙武认为

"百战百胜，非善之善者也"，只有"不战而屈人之兵"，才是"善之善者也"，这是片面的。在以强大军事力量为后盾的情况下，历史上有不战而迫使对方屈服的事例；但这也只是剥削阶级间战争的个别现象。当敌对双方的矛盾已发展到非战争不能解决问题的时候，还寄希望于"不战而屈人之兵"，甚至把它作为一条普遍的指导原则，则是一种不符合战争实际的唯心思想。孙武笼统地提出"归师勿遏"、"穷寇勿迫"等等，也是片面的。所有这些，都反映了孙武军事思想中的阶级和时代的局限性，也反映了他在某些问题上不可避免地存在唯心论和形而上学的观点。

孙武论述了将帅在战争中的重要地位和作用，并提出了反映新兴地主阶级政治要求的选将条件，这比之奴隶主阶级的"世卿世禄"固然是一个进步；但孙武过分地强调和夸大将帅的个人作用，说什么"知兵之将，生民之司命，国家安危之主也"，并把殷朝、周朝的兴起，归之于伊挚、吕牙这两个所谓"上智"人物的作用，这显然是英雄创造历史的唯心史观的表现。

说　　明

（一）本书以中华书局上海编辑所 1961 年影印《宋本十一家注孙子》为底本进行注释。凡与其他版本以及文物出版社 1976 年版银雀山汉墓竹简《孙子兵法》有重要出入之处，则在有关的注释中加以注明，供读者参考。

（二）本书注释办法：每篇篇题之下，均有简明内容提要；根据原文意思分段标点；难懂的字、词、句分别加以注释，并尽可能注明根据；每段均有译文，称为"大意"；每篇之后有"简评"，对各篇内容有重点地进行简要评述。原文一般采用简化汉字，个别容易产生歧义的字，仍保留繁体。

（三）对《孙子兵法》中历来有不同理解的某些重要词句，采取几说并存的办法，但"大意"中则主要根据我们的理解作了语译。

（四）为了有助于读者理解《孙子兵法》的军事思想，在注释中选用了若干有关的中国古代战例。

在注释过程中，曾得到工厂、部队和有关专业单位的热情帮助和指导，在此表示深切谢意。

由于我们水平不高，注释中可能有不少缺点和错误，欢迎读者批评指正。

计　篇

　　本篇主要论述研究和谋划战争的重要性,探讨决定战争胜负的基本条件,并提出了"攻其无备,出其不意"的军事名言。

　　孙子曰:兵①者,国之大事,死生之地,存亡之道,不可不察②也。

注　释

　　① 兵:兵器、兵士、军队、战争等。这里指战争。
　　② 察:考察、研究。

大　意

　　战争是国家的大事,它关系到生死存亡,是不可不认真考察研究的。

　　故经之以五事①,校之以计而索其情②:一曰道,二曰天,三曰地,四曰将,五曰法。道者,令民与上同意③也,故可以与之死,可以与之生,而不畏危④。天者,阴阳、寒暑、时制⑤也。地者,远近、险易、广狭、死生⑥也。将者,智、信、仁、勇、严⑦也。法者,曲制、官道、主用⑧也。凡此五者,将莫不闻⑨,知⑩之者胜,不知者不胜。故校之以计而索其情,曰:主孰⑪有道? 将孰有能? 天地孰得? 法令孰行? 兵众孰强? 士卒孰练? 赏罚孰明? 吾以此知胜负矣。

注　释

①　经之以五事:指从道、天、地、将、法五个方面分析研究战争胜负的可能性。经,量度,这里是分析研究的意思。

②　校之以计而索其情:比较敌对双方的各种条件,从中探求战争胜负的情形。校(jiào 较),通"较",比较;计,这里指"主孰有道"等"七计"。

③　令民与上同意:使民众与国君意愿相一致。《荀子·议兵》:"故兵要在乎善附民而已。"也认为战争的胜利,关键在于取得民众的支持。

④　不畏危:不害怕危险。银雀山汉墓竹简《孙子兵法》(以下简称汉简《孙子兵法》)此句为:"民弗诡也。"

⑤　阴阳、寒暑、时制:阴阳,指昼夜、晴雨等天时气象的变化。寒暑,指寒冷、炎热等气温的不同。时制,指四季时令的更替等。

⑥　远近、险易、广狭、死生:这里指路程的远近、地势的险阻或平坦、作战地域的宽广或狭窄、地形是否利于攻守进退。汉简《孙子兵法》中,此句为:"地者,高下、广狭、远近、险易、死生也。"多"高下"二字。

⑦　智、信、仁、勇、严:这里指将帅的智谋才能、赏罚有信、爱抚士卒、勇敢果断、军纪严明等条件。

⑧　曲制、官道、主用:曲制,指军队组织编制等方面的制度。官道,指各

级将吏的职责区分、统辖管理等制度。主用,指军需物资、军用器械、军事费用的供应管理制度。主,掌管;用,物资费用。

⑨　闻:知道、了解。

⑩　知:知晓,这里含有深刻了解、确实掌握的意思。

⑪　孰:谁,这里指哪一方。

大　意

　　所以,要从以下五个方面分析研究,比较敌对双方的各种条件,以探求战争胜负的情形:一是道,二是天,三是地,四是将,五是法。所谓“道”,是使民众与国君的意愿相一致,这样,民众在战争中就可为国君出生入死而不怕危险。所谓“天”,是指昼夜、晴雨、寒冷、炎热、四季更替。所谓“地”,是指路程的远近,地势的险阻或平坦,作战地域的宽广或狭窄,地形是否利于攻守进退。所谓“将”,是指将帅的智谋才能,赏罚有信,爱抚士卒,勇敢果断,军纪严明。所谓“法”,是指军队组织编制、将吏的统辖管理和职责区分、军用物资的供应和管理等制度规定。以上五个方面,将帅们没有不知道的;然而,只有深刻了解、确实掌握的才能打胜仗,否则,就不能取胜。因此要从以下七个方面来分析比较,以探求战争胜负的情形,就是说:哪一方的国君比较贤明?哪一方的将帅比较有才能?哪一方占据比较有利的天时地利条件?哪一方的法令能切实贯彻执行?哪一方的军队实力强盛?哪一方的士卒训练有素?哪一方赏罚严明?我们根据以上分析对比,就可以判明谁胜谁负了。

将听吾计①,用之必胜,留之;将不听吾计,用之必败,去之。

注 释

① 将听吾计:一说,"将"作为"听"的助动词解,这样意为:如果能听从我的计谋。另一说,"将"指一般的将领,这样意为:将领们能听从我的计谋。

大 意

如果能够听从我的计谋,指挥作战一定胜利,我就留下;如果不能听从我的计谋,指挥作战一定失败,我就离去。

计利以听①,乃为之势,以佐②其外。势者,因利而制权③也。

注 释

① 计利以听:指有利的计策已被采纳。计,计策,这里指战争决策;以,通"已";听,听从、采纳。
② 佐:辅助。
③ 因利而制权:即根据是否有利而采取相应的行动,也就是说,怎么对我有利就怎么行动。制权,即根据情况,采取相应的行动。

大 意

有利的计策已被采纳,还要设法造"势",以辅助作战的进行。所谓"势",就是根据情况是否有利而采取相应的行动。

　　兵者,诡道也①。故能而示之不能②,用而示之不用③,近而示之远④,远而示之近;利而诱之,乱而取之⑤,实而备之,强而避之⑥,怒而挠之⑦,卑而骄之⑧,佚而劳之⑨,亲而离之。攻其无备,出其不意。此兵家之胜⑩,不可先传⑪也。

注　释

　　①　兵者,诡道也:用兵打仗是一种诡诈行为。诡,诡诈、奇诡。曹操注:"兵无常形,以诡诈为道。"

　　②　能而示之不能:意即本来能攻,故意装作不能攻;本来能守,故意装作不能守,等等。示,示形,这里是伪装的意思。

　　③　用而示之不用:本来要打,故意装作不打;本来要用某人,故意装作不用他,等等。例如,公元219年,吴将吕蒙想乘蜀将关羽北攻樊城之机,夺取荆州。由于关羽对吕蒙有所戒备,仍留有重兵把守江陵、公安等地。吕蒙为了麻痹关羽,假称病重,孙权公开把他召回建业(今南京),并以"未有远名,非羽所忌"的陆逊来代替,以掩饰其夺取荆州的意图。后关羽果然放松了对荆州的防守,从江陵、公安调兵进攻樊城,吕蒙便乘机沿江而上,指挥吴军夺取了公安、江陵等地,很快攻取了荆州。

　　④　近而示之远:本来要从近处进攻,故意装作要从远处进攻;本来马上进攻,故意装作不马上进攻,等等。例如,公元前478年,越王句践率军大举攻吴,吴王夫差率军迎击,双方于笠泽(今江苏苏州东南吴淞江)夹水对阵。越军决定从当面渡江攻击,但为了隐蔽企图,故意派出小股部队从距敌较远的左右两侧利用夜暗鸣鼓伴渡。夫差受骗,分兵迎战。越军主力便乘机渡江,出其不意地实施正面突击,大败吴军。

　　⑤　乱而取之:对处于混乱状态的敌人,要乘机攻取它。例如,公元383年,东晋军于洛涧(今安徽怀远南)大败前秦军,迫使秦军沿淝水西岸布阵,晋将谢玄利用秦主苻坚骄傲的心理,声称愿意渡河与秦军决一胜负,要求秦军

先后退一步。苻坚也想利用这个机会诱使晋军渡河,乘其半渡而击之,于是命令部队稍向后退,但一退不可遏止,造成阵势混乱,晋军乘机抢渡淝水,大败秦军。

⑥　强而避之:对于强大的敌人,要暂时避开它。例如,公元前 154 年,汉景帝为平定七王之乱,派周亚夫率军东攻吴、楚。周亚夫见吴楚联军兵势强盛,难与争锋,采取了"以梁委之,绝其粮道"的谋略。于是进据昌邑(今山东金乡西北),避而不战,听任吴楚联军进攻梁军,以便利用梁地(今河南东部)拖住敌方。后进至下邑(今安徽砀山东),仍深沟高垒,坚壁固守。等到吴楚联军饥疲不堪而不得不撤退时,周亚夫才率军乘势追击,大破吴楚联军。

⑦　怒而挠之:挠,挑逗。这句是指对于易怒的敌将,要用挑逗的办法激怒他,使其失却理智,轻举妄动。例如,公元前 203 年,汉军乘项羽东攻彭越之机,围攻成皋(今河南荥阳西北)。楚将曹咎起先按照项羽"谨守成皋,若汉挑战,慎勿与战"的告诫,坚守不出。后来由于汉军连续挑战和辱骂,曹咎一怒之下,便率部出击。汉军趁楚军半渡汜水时发起进攻,取得很大胜利。

⑧　卑而骄之:对于卑视我方的敌人,要设法使其更加骄傲,然后寻机击破。另一说:对敌人要示以卑弱,使其骄傲,放松戒备,从而利于攻击。

⑨　佚而劳之:佚,通"逸"。意即对于休整得充分的敌人,要设法使其疲劳。例如,公元前 512 年,吴王阖庐准备大举攻楚,孙武认为时机尚未成熟,加以劝阻。吴王于是根据伍员的建议,把吴军分为三军,轮番袭扰楚军,连续六年忽南忽北地骚扰楚国边境,使楚军疲于奔命,为公元前 506 年的破楚入郢(今湖北江陵北)创造了条件。

⑩　胜:佳妙、奥妙。

⑪　不可先传:指不可事先具体规定,意即必须在战争中根据情况灵活运用。

大　意

　　用兵打仗是一种诡诈的行为。所以,能攻而装作不能攻,要打而装作不要打,要在近处行动而装作要在远处行动,要在远处行动而装作要在近处行动;对于贪利的敌人,要用小利引诱它,对于处于混乱状态的敌人,要乘机攻取它,对于力量充实的敌人,要加倍防备它,对于强大的敌人,要暂时避开它,对于易怒的敌人,要用挑逗的办法去激怒它,对于卑视我方的敌人,要使其更加骄傲,对于休整得充分的敌人,要设法疲劳它,对于内部和睦的敌人,要设法离间它。要在敌人无准备的状态下实施攻击,要在敌人意想不到的情况下采取行动。这些都是军事家取胜的奥妙所在,是不可事先加以具体规定的。

　　夫未战而庙算①胜者,得算多②也,未战而庙算不胜者,得算少也。多算胜,少算不胜,而况于无算乎! 吾以此观之,胜负见矣。

注　释

　　①　庙算:古时候兴师作战,要在庙堂举行会议,谋划作战大计,预计战争胜负,这就叫"庙算"。
　　②　得算多:指计算周密,胜利条件多。算,计数用的筹码,这里引申为胜利条件。《孙膑兵法·客主人分》:"众者胜乎? 则投算而战耳。"这里的"算"也是指计数的筹码。

大　意

　　在开战之前,"庙算"能够胜过敌人的,是因为计算周密,胜利条件多;开战之前,"庙算"不能胜过敌人的,是因为计算不周,胜利条件少。计算周密,胜利条件多,可能

胜敌,计算不周,胜利条件少,不能胜敌,而何况根本不计
算、没有胜利条件呢! 我们从这些方面来考察,谁胜谁负
就可看出来了。

简　评

本篇论述了研究和谋划战争的重要性,以及如何分析战争双
方的条件,判断战争的胜负,发挥将帅在战争中的指导作用等
问题。

孙武开宗明义地指出:“兵者,国之大事,死生之地,存亡之道,
不可不察也。”这反映了新兴地主阶级注重战争的思想,是符合当
时以武力推翻奴隶主阶级腐朽统治的历史要求的。这个思想是孙
武军事思想的重要组成部分,它与那种以“仁义”为幌子,极力维护
反动奴隶制,反对进步战争的态度是完全对立的。

孙武强调在战前必须周密分析敌对双方的各种条件,研究决
定作战大计。他认为,必须从道(政治)、天(天时)、地(地利)、将
(将帅)、法(法制)“五事”和“主孰有道,将孰有能”等“七计”认真地
进行分析比较,探索敌对双方的优劣长短,这样,就可以预知战争
的胜负。由此可见,孙武是把对战争的谋划建筑在朴素唯物论的
基础之上的,这与没落奴隶主阶级依靠占卜等唯心主义办法去推
测战争的胜负,有着根本的区别。

孙武在论述制胜条件时,把“道”列为“五事”的首位,认识到新
兴地主阶级要夺取战争胜利,首要的是革新政治,做到“令民与上
同意”,这样,才能够在战争中使民众和士卒“与之死”,“与之生”,
“而不畏危”,为其效力。像这样明确地把“道”、“天”、“地”、“将”、
“法”作为制胜的条件,特别是把“道”(“令民与上同意”)作为制胜

的第一个条件,在孙武以前的军事论著中是没有过的。这是孙武对我国古代军事思想的一个重要贡献,是孙武军事思想进步性的一个标志。

如何发挥将帅在战争过程中的指导作用,是孙武在本篇中论述到的另一个重要内容。他强调战争决策一经定下,将帅就要根据情况,"因利而制权",造成有利的作战态势。他提出了"兵者,诡道也"的兵不厌诈的主张,要求将帅善于以各种手段隐蔽自己的企图,迷惑引诱敌人,给对方造成错觉和不意,以便"攻其无备,出其不意"地打击敌人。

当然,由于阶级和历史的局限,孙武在分析战争问题时,只能笼统地、直观地看到战争是有关生死存亡的大事,没有也不可能揭示战争的本质;同时,由于阶级利益的根本对立,他所谓的"令民与上同意",也只是要民众服从新兴地主阶级的利益而已。

作　战　篇

　　本篇从战争对人力、物力和财力的依赖关系出发，着重论述了"兵贵胜，不贵久"的速胜思想，并提出了"因粮于敌"等原则。

　　孙子曰：凡用兵之法，驰车千驷①，革车千乘②，带甲③十万，千里馈粮④；则内外⑤之费，宾客之用⑥，胶漆之材⑦，车甲之奉⑧，日费千金⑨，然后十万之师举⑩矣。

注　释

　　①　驰车千驷：战车千辆。驰车，快速轻便的战车；驷（sì 四），原指一车套四匹马，这里作为量词。

　　②　革车千乘：重车千辆。革车，有的认为指载运粮秣、军械、装具等辎重的兵车；乘（shèng 剩），辆。

　　③　带甲：穿戴盔甲的士卒，这里泛指军队。

　　④　馈粮：运送粮食。馈（kuì 溃），馈送、供应。

　　⑤　内外：这里指前方后方。

　　⑥　宾客之用：指与各诸侯国使节往来的费用。

⑦　胶漆之材：胶漆是制作、保养弓矢器械的物资，这里泛指维修作战器械所需的各种物资。

⑧　车甲之奉：指武器装具的保养补充。车甲，车辆、盔甲；奉，保养。

⑨　千金：巨额钱财。

⑩　举：出动。

大　意

凡兴兵打仗，出动战车千辆，辎重车千辆，军队十万，还要千里运粮；这样一来，前方后方的用费，外交使节往来的开支，器材物资的供应，武器装具的保养补充，每天要耗费千金，然后十万大军才能出动。

其用战也胜①，久则钝兵挫锐②，攻城则力屈③，久暴师则国用不足④。夫钝兵挫锐、屈力殚货⑤，则诸侯乘其弊⑥而起，虽有智者，不能善其后矣。故兵闻拙速，未睹巧之久也⑦。夫兵久而国利者，未之有也。故不尽知用兵之害者，则不能尽知用兵之利也。

注　释

①　用战也胜：指用兵作战宜速胜的意思。

②　钝兵挫锐：军队疲惫，锐气挫伤。

③　力屈：力量耗尽。屈，竭尽。

④　久暴师则国用不足：军队长期在外作战，就会使国家经济发生困难。暴，暴露。

⑤　殚货：经济枯竭的意思。殚（dān 单），枯竭；货，财货，这里指经济。

⑥　弊：疲困，这里指危机的意思。

⑦　兵闻拙速,未睹巧之久也:用兵打仗只听说宁拙而求速胜的,没见过求巧而久拖的。李贽注:"宁速毋久,宁拙毋巧;但能速胜,虽拙可也。"(《孙子参同》卷二)

大　意

用这样庞大军队作战,就要求速胜。旷日持久,就会使军队疲惫、锐气挫伤,攻城就会耗尽力量,军队长期在外作战,会使国家财政经济发生困难。军队疲惫、锐气挫伤,军力耗尽、经济枯竭,诸侯就会乘此危机起而进攻,那时,即使有很高明的人,也不能挽回危局了。因此,用兵打仗只听说宁拙而求速胜的,没见过求巧而久拖的。战争长期拖延而有利于国家者,是从来没有过的。所以,不能完全懂得用兵害处的人,就不能完全懂得用兵的好处。

善用兵者,役不再籍①,粮不三载②;取用于国③,因④粮于敌,故军食可足也。

注　释

①　籍:指征集兵员。

②　载:运载、运送。

③　取用于国:指武器装具等从国内取用。

④　因:依靠。

大　意

善于用兵的人,兵员不一再征集,粮秣不多次运送;

武器装具从国内取用,粮秣在敌国就地解决,这样,军队的食用就可以充足供应了。

国之贫于师者远输①,远输则百姓贫。近于师者贵卖②,贵卖则百姓财竭,财竭则急于丘役③。力屈、财殚,中原④内虚于家。百姓之费,十去其七;公家之费,破车罢马⑤,甲胄矢弩⑥,戟楯蔽橹⑦,丘牛大车⑧,十去其六。

注 释

① 国之贫于师者远输:师,军队。这句是说,国家因用兵而导致贫困的,远道运输是个重要原因。

② 贵卖:物价飞涨的意思。

③ 丘役:赋税徭役。丘,古代地方行政单位,一般按丘征发人力、畜力、物力等赋役。

④ 中原:这里指国内。

⑤ 破车罢马:破车,战车损坏。罢马,战马疲病。罢(pí 皮),同"疲"。

⑥ 甲胄矢弩:泛指装备战具。甲,护身的铠甲;胄(zhòu 宙),头盔;弩,用机括发箭的弓。

⑦ 戟楯蔽橹:泛指各种攻防兵器。戟(jǐ 几),将戈、矛合成一体的一种古兵器;楯(dùn 盾),同"盾";蔽橹(lǔ 鲁),用作屏蔽的大盾牌。

⑧ 丘牛大车:指辎重车辆。丘牛,大牛。

大 意

国家因用兵而导致贫困的,远道运输是个重要原因;远道运输就会使百姓贫困。靠近军队的地方物价飞涨,物价飞涨就会使百姓财富枯竭;财富枯竭,就急于加征赋役。军力耗尽,财力枯竭,国内家家空虚。百姓的财物,耗去了十分之七;公家的资财,由于战车损坏,战马疲病,装备、兵器、战具的损耗,辎重车辆的损坏,耗去了十分之六。

故智将务食于敌。食敌一钟①,当吾二十钟;萁秆②一石③,当吾二十石。

注　释

①　钟:容量单位,每钟六十四斗。春秋时期齐国量器分升、豆、区、釜、钟。

②　萁秆:饲草。萁(qí 其),同"萁",豆秸;秆(gǎn 杆),禾茎。

③　石(dàn 担):重量单位,每石一百二十斤。《汉书·律历志》:"三十斤为钧,四钧为石。"

大　意

所以,高明的将帅,务求在敌国解决粮秣。就地取给粮食一钟,相当于从本国运输二十钟;就地征集饲草一石,相当于从本国运输二十石。

故杀敌者,怒也;取敌之利者,货也①。故车战得车十乘已②上,赏其先得者,而更其旌旗,车杂③而乘之,卒善而养之,是谓胜敌而益强。

注　释

①　取敌之利者,货也:货,财货,这里指用财货奖赏的意思。全句意为,

要想夺取敌军的资财,就要奖赏士卒。孙武这种重赏士卒的主张,是他的重要治军思想之一,是对奴隶制刑赏原则的否定。但由于新兴地主阶级毕竟也是剥削阶级,他们不过是用物质引诱作为激励士卒作战的手段而已。

②　已:同"以"。

③　杂:混合、搀杂。

大　意

　　要使士卒勇敢杀敌,就要激起他们对敌人的仇恨;要想夺取敌人资财,就要用财货奖赏士卒。所以在车战中,凡缴获战车十辆以上的,要奖赏最先夺得战车的士卒,并更换战车上的旗帜,混合编入己方车队之中,对俘虏来的士卒要给予善待和使用,这就是所谓战胜敌人而使自己愈加强大。

　　故兵贵胜,不贵久。
　　故知兵之将,生民①之司命②,国家安危之主③也。

注　释

①　生民:泛指民众。

②　司命:古星名。此处借喻为命运的掌握者。

③　主:主宰。

大　意

　　因此,用兵作战最贵速胜,不宜久拖。

　　深知用兵之法的将帅,是民众命运的掌握者,是国家安危的主宰者。

简　评

在本篇中,孙武着重从战争对人力、物力、财力的依赖关系出发,提出了"兵贵胜,不贵久"的速胜思想,这是他以朴素唯物主义观点研究战争的又一表现。孙武所处的时代,社会生产力水平低下,交通运输甚为不便,加之战争规模扩大,动辄"日费千金",如果久拖,必然"屈力殚货";特别是当时各诸侯国之间正激烈地互相兼并,如果战争久拖不决,随时都可能出现"诸侯乘其弊而起"的危险局面。在这样的情况下,孙武提出速胜的作战指导思想,有其一定的道理。但孙武对速胜与持久的关系未能作辩证统一的认识,也区别不清战争全局与局部的关系,笼统地把速胜作为一条普遍军事原则,则是片面的。

为了解决战争需要与后方补给困难的矛盾,孙武在本篇中,提出了"因粮于敌"的原则,主张力争在敌国就地解决给养问题。同时,他还提出了"胜敌而益强"的思想,主张要厚赏士卒、善待俘虏,以及利用缴获补充壮大自己。这些思想和原则,都有其可取之处。

在本篇末尾,孙武强调将帅责任的重大,这是对的,但是他把"知兵之将"的作用夸大到"生民之司命,国家安危之主"的地步,无视士卒和民众的决定性作用,这是他英雄史观的反映。

谋 攻 篇

本篇主要论述谋划进攻的问题，强调以谋胜敌，并揭示了"知彼知己，百战不殆"的著名军事规律。

孙子曰：凡用兵之法，全国为上，破国次之①；全军为上，破军次之；全旅为上，破旅次之；全卒为上，破卒次之；全伍为上，破伍次之②。是故百战百胜，非善之善者③也；不战而屈人之兵，善之善者也。

注 释

① 全国为上，破国次之：完整地使敌国屈服是上策，经过交战击破敌国就次一等。曹操注："兴师深入长驱，距其城廓，绝其内外，敌举国来服为上；以兵击破，败而得之，其次也。"

② 军、旅、卒、伍：古代军队的编制单位。旧说一万二千五百人为军，五百人为旅，百人为卒，五人为伍。春秋以后，各诸侯国发展情况不同，军队编制不完全一样。

③ 善之善者：好中最好的。

大　意

　　大凡用兵的法则,使敌国完整地屈服是上策,起兵去击破那个国家就次一等;使敌人全军完整地屈服是上策,用武力击破它就次一等;使敌人全旅完整地屈服是上策,击破它就次一等;使敌人全卒完整地屈服是上策,击破它就次一等;使敌人全伍完整地屈服是上策,击破它就次一等。因此,百战百胜,不算是好中最好的,不战而使敌人屈服,才算是好中最好的。

　　故上兵伐谋①,其次伐交②,其次伐兵③,其下攻城。攻城之法为不得已。修橹轒辒④,具器械⑤,三月而后成,距闉⑥,又三月而后已。将不胜其忿而蚁附之⑦,杀士三分之一而城不拔者,此攻之灾也。

注　释

　　①　上兵伐谋:最好的用兵方法是以谋伐敌,即以计谋使敌屈服。伐,讨伐、攻打。
　　②　伐交:交,这里指外交。伐交,指通过外交途径,分化瓦解敌人的盟国,扩大、巩固自己的盟国,迫使敌人陷于孤立,最后不得不屈服。如战国时秦国采取"远交近攻"的谋略,灭了六国,就是以外交手段配合军事进攻而取得成功的。
　　③　伐兵:以武力战胜敌人。
　　④　轒辒(fén wēn 坟温):古代攻城用的四轮车,用排木制作,外蒙牛皮,可容纳十人(一说数十人),用以运土填塞城壕。
　　⑤　具器械:准备攻城用的器械。具,准备。

⑥　距闉（yīn 因）：用以攻城而堆积的土山。闉，通"堙"，土山。

⑦　蚁附之：指士兵像蚂蚁一般爬梯攻城。

大　意

　　所以用兵的上策是以谋略胜敌，其次是通过外交手段取胜，再次是使用武力战胜敌人，最下策是攻城。攻城是不得已而采取的办法。修造大盾和四轮车，准备器械，三个月才能完成；构筑攻城用的土山，又要花费三个月才能完工。将帅非常焦躁忿怒，驱使士卒像蚂蚁一般爬梯攻城。士卒伤亡了三分之一，而城还是攻不下来，这就是攻城的灾害。

　　故善用兵者，屈人之兵而非战①也，拔人之城而非攻也②，毁人之国而非久③也，必以全争于天下，故兵不顿④而利可全，此谋攻之法也。

注　释

①　非战：指运用"伐谋"、"伐交"等办法迫使敌人屈服，而不用交战的办法。

②　拔人之城而非攻也：指夺取敌人的城邑不靠硬攻的办法。

③　非久：指不要旷日持久。

④　顿：通"钝"，这里指疲惫、受挫的意思。

大　意

　　所以，善于用兵打仗的人，使敌军屈服而不用进行交战,夺取敌人的城邑而不靠硬攻,灭亡敌人的国家而不需久战,务求以全胜的谋略争胜于天下。这样,军队就不至于疲惫受挫,而胜利可以完满地获得,这就是谋攻的法则。

　　故用兵之法,十则围之①,五则攻之②,倍则分之③,敌则能战之④,少则能逃之⑤,不若则能避之⑥。故小敌之坚,大敌之擒⑦也。

注　释

　　①　十则围之:有十倍于敌人的绝对优势的兵力,就要四面包围,迫敌屈服。

　　②　五则攻之:有五倍于敌的优势兵力,就要进攻它。

　　③　倍则分之:有一倍于敌的兵力,就设法分散敌人,以便在局部上造成更大的兵力优势。

　　④　敌则能战之:同敌人兵力相等,就要善于设法战胜敌人,如设伏诱敌等等。敌,这里指势均力敌。

　　⑤　少则能逃之:兵力比敌人少,就要能摆脱敌人。逃,脱离、摆脱。此句有的版本作"少则能守之"。

　　⑥　不若则能避之:各种条件均不如敌人时,就要设法避免与敌交战。

　　⑦　小敌之坚,大敌之擒:力量弱小的军队,如只知坚守硬拼,就会成为强大敌人的俘虏。

大　意

　　所以用兵的方法,有十倍于敌的绝对优势的兵力,就要四面包围,迫敌屈服;有五倍于敌的优势兵力,就要进攻敌人;有一倍于敌人的兵力,就要设法分散敌人;同敌人兵力相等,就要善于设法战胜敌人;比敌人兵力少,就要善于摆脱敌人;各方面条件均不如敌人,就要设法避免与敌交战。弱小的军队如果只知坚守硬拼,就会成为强大敌人的俘虏。

夫将者,国之辅①也,辅周则国必强,辅隙②则国必弱。

注　释

① 辅:辅助,这里引申为助手。
② 隙:漏洞、缺陷。

大　意

将帅是国君的助手,辅助得周密,国家就会强盛,辅助得有缺陷,国家就要衰弱。

故君之所以患于军者三①:不知军之不可以进而谓②之进,不知军之不可以退而谓之退,是谓縻军③。不知三军④之事而同⑤三军之政⑥者,则军士惑矣。不知三军之权⑦而同三军之任⑧,则军士疑矣。三军既惑且疑,则诸侯之难至矣,是谓乱军引胜⑨。

注　释

① 君之所以患于军者三:此句有的版本作"军之所以患于君者三"。

患,危害、贻害。

　②　谓:告诉。这里是命令的意思。

　③　縻军:束缚军队,使军队不能根据情况相机而动。縻(mí 迷),羁縻、束缚。

　④　三军:军队的通称。周代,大的诸侯国设三军,有的为左、中、右三军,有的为上、中、下三军。

　⑤　同:共同,这里是参与、干涉的意思。

　⑥　政:这里指军队的行政。

　⑦　权:权变、权谋。

　⑧　任:指挥。

　⑨　乱军引胜:扰乱自己的军队,而导致敌人的胜利。引,引导、导致。

大　意

　　国君可能贻害军队的有三种情况:不了解军队不可以前进而命令军队前进,不了解军队不可以后退而命令军队后退,这叫做束缚军队;不知道军队内部的事务,而干涉军队的行政,军士就会迷惑不解;不知道用兵的权谋,而干涉军队的指挥,将士就会产生疑虑。军队既迷惑又疑虑,各诸侯国乘隙进攻的灾难就临头了,这就是所谓扰乱自己的军队而导致敌人的胜利。

　　故知胜有五:知可以战与不可以战者胜;识众寡之用①者胜;上下同欲②者胜;以虞③待不虞者胜;将能而君不御④者胜。此五者,知胜之道也。

注　释

　　①　识众寡之用:善于根据敌对双方兵力对比的众寡情况,正确采用不

同战法。

　　②　同欲:同心、齐心的意思。

　　③　虞(yú 于):备,这里指有准备的意思。

　　④　御:驾御,这里指牵制、干预的意思。

大　意

　　所以,从以下五种情况便可预知胜利:知道什么情况下可以打,什么情况下不可以打的,会胜利;懂得根据兵力多少而采取不同战法的,会胜利;上下齐心协力的,会胜利;以预有准备对待没有准备的,会胜利;将帅指挥能力强而国君不加牵制的,会胜利。这五条,是预知胜利的途径。

　　故曰:知彼知己者,百战不殆①;不知彼而知己,一胜一负;不知彼,不知己,每战必殆。

注　释

　　①　知彼知己者,百战不殆:《十家注》、《武经》各本均无"者"字。殆(dài代),危险、失败。

大　意

　　所以说,了解敌人又了解自己,百战都不会失败;不了解敌人而了解自己,胜败的可能各半;既不了解敌人,又不了解自己,那就每战必败。

简　　评

　　孙武在本篇中阐明了一个非常有价值的思想，即："知彼知己，百战不殆"；"不知彼，不知己，每战必殆"。在这里，孙武用简洁、鲜明的语言，指明了战争指导者对敌对双方情况的了解和认识与战争胜负之间的关系，揭示了指导战争的普遍规律。孙武的这一思想，是很可贵的，是《孙子兵法》中的精华部分。毛泽东同志对此曾给予高度评价，在《论持久战》中指出："战争不是神物，仍是世间的一种必然运动，因此，孙子的规律，'知彼知己，百战不殆'，仍是科学的真理。"

　　孙武主张在优势情况下与敌作战，反对在劣势情况下与敌硬拼，这是正确的。从这点出发，他提出了"十则围之，五则攻之，倍则分之，敌则能战之，少则能逃之，不若则能避之"的用兵之法，强调根据敌对双方兵力对比的不同而采取不同的战法。他警告说："小敌之坚，大敌之擒也。"弱小的军队如果只知坚守硬拼，就会成为强大敌人的俘虏。

　　在本篇中，孙武还提出了"上兵伐谋，其次伐交，其次伐兵，其下攻城"的思想，认为运用政治、外交谋略来取胜于敌为上。应该指出，在战争中，"伐谋"、"伐交"是对敌斗争不可缺少的重要手段，但这也只有与"伐兵"的军事手段相配合，才能发挥其作用，从实质上讲，还是"战而屈人之兵"。因此，孙武把"不战而屈人之兵"看成是"善之善者"，并把它作为普遍的战争指导原则，是不切客观实际的。

形　篇

　　本篇主要论述军队作战首先要使自己立于不败之地，然后寻求敌人的可乘之隙，以压倒的优势，打击敌人，达到"自保而全胜"的目的。

　　孙子曰：昔之善战者，先为不可胜，以待敌之可胜①。不可胜在己，可胜在敌。故善战者，能为不可胜，不能使敌之可胜。故曰：胜可知而不可为②。

注　释

　　①　先为不可胜，以待敌之可胜：首先要创造条件，使自己不致被敌人战胜，然后等待和寻求敌人可能被我战胜的时机。例如，战国末年，赵将李牧率兵防备匈奴时，为了使自己立于不败之地，首先加强防务建设，"习骑射，谨烽火，多间谍"(《资治通鉴》卷六)，并告诫部众：若遇匈奴来犯，立即退守，不可与敌交战。如此数年，匈奴以为赵军懦弱怯战。于是，李牧利用匈奴轻敌情绪，挑选精兵十余万人，出奇制胜地歼灭匈奴军十余万骑。

　　②　胜可知而不可为：胜利是可以预知的，但敌人有无可乘之隙，被我战胜，则不能由我而定。

大　意

　　从前,善于用兵打仗的人,总是首先创造条件,使自己不被敌人战胜,然后等待和寻求敌人可能被我战胜的时机。使自己不可被敌人战胜,主动权在于自己;可能战胜敌人,在于敌人有可乘之隙。所以,善于用兵打仗的人,能使自己不被战胜,而不能使敌人必定为我所胜。所以从这个意义上说:胜利可以预知,但敌人有无可乘之隙,被我战胜,则不能由我而定。

　　不可胜者,守也,可胜者,攻也。守则不足,攻则有余①。善守者,藏于九地之下,善攻者,动于九天②之上,故能自保而全胜也。

注　释

　　①　守则不足,攻则有余:采取守势,是因为取胜条件不足;采取攻势,是由于取胜条件有余。曹操注:"吾所以守者,力不足也;所以攻者,力有余也。"汉简《孙子兵法》中,此句为:"守则有余,攻则不足。"《汉书·赵充国传》中也有"臣闻兵法'攻不足者守有余'"一语,其义与简文相似。
　　②　九地、九天:九,古人常用来表示数的极点。九地,极言深不可知;九天,极言高不可测。

大　意

　　当我不可能战胜敌人时,应进行防守,可能战胜敌人时,应采取进攻。防守是由于取胜条件不足,进攻是由于取胜条件有余。善于防守的人,像藏于深不可知的地下一样,使敌人无形可窥;善于进攻的人,像动作于高不可测的天上一样,使敌人无从防备。因此,能够既保全自己,而又取得完全的胜利。

　　见胜不过众人之所知,非善之善者也;战胜而天下曰善,非善之善者也。故举秋毫①不为多力,见日月不为明目,闻雷霆不为聪耳。古之所谓善战者,胜于易胜者也。故善战者之胜也,无智名,无勇功。故其战胜不忒②,不忒者,其所措③必胜,胜已败者④也。故善战者,立于不败之地,而不失敌之败也。是故胜兵先胜而后求战⑤,败兵先战而后求胜⑥。善用兵者,修道⑦而保法⑧,故能为胜败之政⑨。

注　释

　　①　秋毫:指兽类在秋天新长的细毛,用来比喻事物非常轻微。
　　②　不忒:无疑误,确有把握的意思。忒(tè 特),差错、疑误。
　　③　措:措置、处置。
　　④　已败者:指已经处于失败地位的敌人。
　　⑤　胜兵先胜而后求战:指能取胜的军队,总是先创造取胜的条件,而后才同敌人作战。《尉缭子·攻权》:"兵不必胜,不可以言战;攻不必拔,不可以言攻。"也是强调打仗要有胜利的把握,反对侥幸取胜。
　　⑥　求胜:期求胜利,这里含有寄希望于侥幸取胜的意思。
　　⑦　修道:指从各方面修治"先为不可胜"之道,如政治、军事、自然各方面条件的准备等。《孙膑兵法·八阵》:"知道者,上知天之道,下知地之理,内得其民之心,外知敌之情,阵则知八阵之经,见胜而战,弗见而诤……。"

⑧　保法:指确保必胜的法度。

⑨　政:主其事叫作"政",这里引申为决定、主宰。

大　意

　　预见胜利,不超过一般人所知道的,不是高明中最高明的;经过力战而后取胜,天下人都说好,也不是高明中最高明的。这就像能举起秋毫算不得力大,能看见日月算不得眼明,能听到雷声算不得耳灵一样。古时所谓善于打仗的人,总是取胜于容易战胜的敌人。所以,善于打仗的人,他取得胜利,既显不出智谋的名声,也看不出勇武功劳。因为他的取胜是无疑的,其所以无疑,由于他的胜利是建立在确有把握的基础上,他所战胜的敌人是已经处于失败地位的敌人。所以,善于打仗的人,总是使自己立于不败之地,同时又不放过任何足以战胜敌人的机会。因此,打胜仗的军队,总是先创造取胜的条件,而后才同敌人作战;打败仗的军队,总是先同敌人作战,而后期求侥幸取胜。会用兵的人,善于从各方面修治"不可胜"之道,确保必胜之法度,所以他能掌握胜败的决定权。

　　兵法:一曰度①,二曰量②,三曰数③,四曰称④,五曰胜。地生度,度生量,量生数,数生称,称生胜⑤。故胜兵若以镒称铢⑥,败兵若以铢称镒。胜者之战民⑦也,若决积水于千仞⑧之谿者,形⑨也。

注　释

①　度:忖度、判断的意思。

②　量:容纳的限度,这里指战场容量。

③　数:这里指敌对双方可能投入的兵力数量。

④　称:权衡,这里指双方力量的对比。

⑤　地生度,度生量,量生数,数生称,称生胜:一说,指根据战地地形的险易、广狭、死生等情况,作出利用地形的判断;根据对战地地形的判断,得出战场的容纳限度,即战场容量;根据战场容量的大小,确定作战部署兵力的数量;根据敌对双方可能投入兵力的数量,进行衡量对比;根据双方力量的对比,判断作战的胜负。另一说,度,指土地幅员的大小;量,指物质资源的多少。这样,此句意为:敌对双方土地面积不相等,就产生幅员大小的"度"的不同;幅员大小不同,就产生物质资源多少的"量"的不同;物资多少不同,就产生所能动员和保持兵力众寡的"数"的不同;兵力众寡不同,就产生军事力量对比的"称"的不同;力量对比不同,就产生了战争胜负的不同。

⑥　镒(yì 益)、铢(zhū 朱):都是古代的重量单位。一镒为二十四两(一说为二十两),一两为二十四铢。镒比铢重五百多倍。这里用来比喻两军实力的悬殊。

⑦　战民:指挥士卒作战。民,作"人"解,这里指士卒。《势篇》中有:"任势者,其战人也,如转木石。"这里的"战人"与"战民"同一意义。

⑧　千仞:仞,古代长度单位之一。八尺(一说七尺)为仞。千仞,比喻非常高。

⑨　形:从《形篇》的内容来看,形,指的是军事实力。《势篇》中也说:"强弱,形也。"

大　意

用兵之法:一是"度",二是"量",三是"数",四是

"称",五是"胜"。根据战地地形的险易、广狭、死生等情况,作出利用地形的判断;根据对战地地形的判断,得出战场容量的大小;根据战场容量的大小,估计双方可能投入兵力的数量;根据敌对双方可能投入兵力的数量,进行衡量对比;根据双方兵力的对比,判断作战的胜负。所以,胜利的军队对失败的军队来说,就好比处于以镒称铢的绝对优势的地位;失败的军队对胜利的军队来说,就好比处于以铢称镒的绝对劣势的地位。胜利者在指挥军队打仗的时候,就像从八千尺的高处决开溪中积水一样,其势猛不可当。这是强大的军事实力的表现。

简　评

本篇主要论述了军队作战要先使自己"立于不败之地",然后寻机战胜敌人的问题。

孙武认为,敌对双方军事实力的对比,是作战胜负的基础。"胜兵若以镒称铢"、"败兵若以铢称镒",善于用兵的将帅,总是先造成力量上的绝对优势,"先胜而后求战"。这样的军队,打起仗来,就像决开千仞高山上的积水一样,直泻而下,势不可当。从这点出发,孙武提出了"先为不可胜,以待敌之可胜"的作战指导思想。强调要想争取战争的胜利,首先必须使自己立于不败之地,而后待机破敌。他认为能否做到"先为不可胜",主动权在于自己,只要"修道而保法",努力谋划,就"能为胜败之政"。但是敌人是否有隙可乘,是否必定为我所胜,那就在于敌人了。所以他说:"善战者,能为不可胜,不能使敌之可胜。"然而,只要首先使自己立于不败之地,待机破敌的可能性总是存在的。孙武的这一作战指导思想,强调以自己的实力作基础,不放过任何可能战胜敌人的战机,既是稳妥的,又是积极的。正因为这样,孙武的"胜兵先胜而后求战"的思想,历来为军事家所重视。

　　在本篇中,孙武还论述了攻守与"自保而全胜"的问题。孙武认为,取胜条件不充足,就应采取守势,取胜条件充足,就应采取攻势。并指出"善守者,藏于九地之下",使敌人无形可窥,无隙可乘,"善攻者,动于九天之上",使敌人措手不及,无法招架。这样,就能达到"自保而全胜"的目的。孙武这些思想,对指导作战是有一定价值的。

势　篇

　　本篇主要论述在军事实力的基础上,发挥将帅的指挥才能,造成和利用有利态势,出奇制胜地打击敌人。

　　孙子曰:凡治众①如治寡,分数②是也;斗众③如斗寡,形名④是也;三军之众,可使必受敌⑤而无败者,奇正⑥是也;兵之所加,如以碫⑦投卵者,虚实⑧是也。

注　释

　　①　治众:治理人数众多的军队。治,治理。
　　②　分数:指军队的组织编制。李贽注:"分,谓偏裨卒伍之分;数,谓十百千万之数各有统制,而大将总其纲领。"(《孙子参同》卷三)也是指军队组织编制方面的问题。
　　③　斗众:指挥人数众多的军队作战。
　　④　形名:指古时军队使用的旌旗、金鼓等指挥工具,这里引申为指挥。曹操注:"旌旗曰形,金鼓曰名。"
　　⑤　必受敌:一旦遭受敌人进攻。必,即使、一旦。
　　⑥　奇正:指古代军队作战的变法和常法,其含义甚广,如:先出为正、后

出为奇,正面为正、侧翼为奇,明战为正、暗攻为奇,等等。

⑦ 碫(duàn 段):磨刀石,这里泛指石块。

⑧ 虚实:指强弱、劳逸、众寡、真伪等,这里是以实击虚的意思。

大 意

要做到治理人数多的军队像治理人数少的军队一样,这是组织编制的问题;要做到指挥人数多的军队作战像指挥人数少的军队一样,这是通信、指挥的问题;全国军队之多,要使其一旦遭受敌人进攻而不致失败的,这是"奇正"运用的问题;军队进攻敌人,要能像以石击卵那样,所向无敌,这是"虚实"的问题。

凡战者,以正合,以奇胜①。故善出奇者,无穷如天地,不竭如江河。终而复始,日月是也。死而复生,四时是也。声不过五,五声②之变,不可胜③听也。色不过五,五色④之变,不可胜观也。味不过五,五味⑤之变,不可胜尝也。战势不过奇正,奇正之变,不可胜穷也。奇正相生,如循环之无端⑥,孰能穷之?

注 释

① 以正合,以奇胜:合,会合、交战。此句意为,以正兵合战,以奇兵制胜。例如,公元前 718 年,郑国进攻卫国,燕国出兵救援,与郑国的军队战于北制(今河南荥阳县境)。郑以三军部署在燕军的正面,另以一部偷袭其侧后。燕军只注意防备正面,背后遭到了郑军的突然袭击,结果大败。

② 五声:中国古代用宫、商、角、徵、羽五个音阶区分声音的高低,加上

变徵、变宫,与现在简谱中所用的七音阶大体相同。

③　胜(shēng 声):尽的意思。

④　五色:我国古代以青、赤、黄、白、黑五种颜色为正色,其他为间色(即由两种或两种以上正色混合而成的颜色)。

⑤　五味:指甜、酸、苦、辣、咸五种味道。

⑥　循环之无端:顺着圆环旋转,没有尽头,比喻事物的变化无穷。循,顺着的意思。

大　意

大凡作战,一般都是以正兵当敌,以奇兵取胜。所以,善于出奇制胜的将帅,其战法如天地那样变化无穷,像江河那样奔流不竭。终而复始,就像日月运行一样;死而复生,就像四季更替一般。声音不过五种,然而五种声音的变化,却会产生出听不胜听的声调来。颜色不过五种,然而五种颜色的变化,却会产生出看不胜看的色彩来。味道不过五种,然而五种味道的变化,却会产生出尝不胜尝的味道来。战势,不过奇正两种,然而奇正的变化,却是不可穷尽的。奇正的变化,就像顺着圆环旋转那样,无头无尾,谁能穷尽它呢?

激水之疾①,至于漂石者,势也;鸷鸟②之疾,至于毁折者,节③也。是故善战者,其势险,其节短。势如弓广弩④,节如发机⑤。

注　释

①　激水之疾:湍急的流水以飞快的速度奔泻。疾,急速。

②　鸷(zhì 至)鸟:凶猛的鸟,如鹰、雕之类。

③　节:节奏。

④　彍弩:指拉满的弓弩。彍(guō 郭),把弓拉满的意思;弩(nǔ 努),用机括发箭的弓。

⑤　发机:触发弩机。机,弩机,古代兵器"弩"的机件,类似枪上的扳机。

大　意

湍急的流水以飞快的速度奔泻,以致能把石块漂移,这是由于水势强大的缘故;凶猛的飞鸟,以飞快的速度搏击,以致能捕杀鸟兽,这是由于节奏恰当的关系。所以,高明的将帅指挥作战,他所造成的态势是险峻的(居高临下、锐不可当),他所掌握的行动节奏是短促而猛烈的。这种态势,就像张满的弓弩;这种节奏,犹如触发弩机。

纷纷纭纭①,斗乱②而不可乱也;浑浑沌沌③,形圆④而不可败也。乱生于治,怯生于勇,弱生于强⑤。治乱,数也;勇怯,势也;强弱,形也。故善动敌者,形之,敌必从之⑥;予之,敌必取之。以利动之,以卒待之⑦。

注　释

①　纷纷纭纭:旌旗混乱的样子。纷纷,紊乱;纭纭,多而且乱。

②　斗乱:指在混乱状态中作战。

③　浑浑沌沌:指混乱不清。

④　形圆:指阵势部署得四面八方都能应付自如。

⑤　乱生于治,怯生于勇,弱生于强:一说,在一定条件下,"乱"可以由"治"产生,"怯"可以由"勇"产生,"弱"可以由"强"产生。另一说,军队要装作

"乱",本身必须"治",要装作"怯",本身必须"勇",要装作"弱",本身必须"强"。

⑥ 形之,敌必从之:形,示形,即以假象欺骗敌人。此句意为:以假象迷惑敌人,敌人必定上当。例如,公元前341年,魏国攻韩国,齐国起兵救韩,派田忌为将,孙膑为军师,率十万大军直赴大梁(今河南开封,魏国京城)。魏国得知后,即派太子申率兵十万尾追齐军。齐军根据孙膑的建议,采用示弱诱敌的方针,避免与魏军交战,并制造假象:第一天挖了十万人用的灶,第二天挖了五万人用的灶,第三天只挖了二万人用的灶。魏将庞涓误认为齐军三天即逃亡大半,便带领部分轻兵紧追齐军。孙膑判断魏军于日落时可到达马陵(今河南范县境),于是设下伏兵。待魏军到达时,齐军万箭齐发,魏军溃乱,庞涓自杀(山东临沂汉墓《孙膑兵法》残简为庞涓被擒),齐军乘胜追击,大破魏军,主将太子申被俘。

⑦ 以利动之,以卒待之:以小利引诱调动敌人,以伏兵待机破敌。例如公元前700年,楚国攻打绞国,绞人守城不出,楚便用无兵保卫的打柴人前往诱敌,使绞人俘获三十人。绞人见有利可图,于次日大批出动。这时,预先埋伏于山下的楚兵突然出击,大败绞人。

大 意

在纷纷纭纭的混乱状态中作战,必须使自己的部队不发生混乱;在浑沌不清的情况下打仗,必须把队伍部署得四面八方都能应付自如,使敌人无隙可乘,无法败我。在一定条件下,"乱"可以由"治"产生,"怯"可以由"勇"产生,"弱"可以由"强"产生。"治乱",是组织指挥的问题;"勇怯",是"任势"的问题;"强弱",是军事实力的问题。所以,善于调动敌人的将帅,欺骗敌人,敌人必为其所骗;予敌以利,敌人必为其所诱。以小利引诱调动敌人,以伏兵待机掩击敌人。

　　故善战者，求之于势，不责于人①，故能择人而任势②。任势者，其战人③也，如转木石。木石之性，安④则静，危⑤则动，方则止，圆则行。故善战人之势，如转圆石于千仞之山者，势⑥也。

注　释

　　①　不责于人：不苛求部属。责，责备，这里指苛求。
　　②　能择人而任势：择，选择；任，任用、利用。这句是说，挑选适当人才，充分利用形势。例如，公元 215 年，魏将张辽、乐进、李典率七千余人守合肥。孙权自领十万大军来攻，魏军人心惊恐。张辽等依据曹操"若孙权至，张、李二将军出战，乐将军守城"的指令，留乐进守城，张辽、李典乘吴军尚未集中的时机，挑选了八百将士，突然冲入孙权所在的军营，杀得吴军措手不及，锐气大损。张辽等杀出重围后，合力坚守合肥，人心安定。孙权围城十余日不能得逞，只好撤退。后人认为，在这样力量悬殊的情况下，合肥之所以能够固守，曹操能择人而任势是一个重要原因。
　　③　战人：指挥士卒作战。与《形篇》中之"战民"意义相同。
　　④　安：安稳，这里指地势平坦。
　　⑤　危：危险，这里指地势陡斜。
　　⑥　势：是在"形"（军事实力）的基础上，发挥将帅的指挥作用，所造成的有利态势和强大的冲击力量。

大　意

　　所以，善于指挥打仗的将帅，他的注意力放在"任势"上，而不苛求部属，因而他就能选到适当人才，利用有利形势。善于"任势"的人,他指挥将士作战,好像转动木头和石头一样。木头石头的特性是放在平坦的地方比较稳定,放在陡斜的地方就容易移动,方形的木石就比较稳定,圆形的就容易滚动。所以高明的将帅指挥军队打仗时所造成的有利态势,就好像把圆石从八千尺高山上往下飞滚那样,不可阻挡;这就是军事上的所谓的"势"!

简　　评

孙武非常重视"任势"。他所说的"势",指的是充分发挥将帅的指导能力,以自己的军事实力作基础,造成一种猛不可当、压倒敌人的有利态势。他认为在这样的态势下,士卒就会勇猛无比,部队的战斗力就可得到充分的发挥,好像激流漂石、滚圆石于千仞高山那样。因此,他要求将帅把注意力放在"任势"上。

孙武也很重视"奇正",尤其重视"奇"的应用。他说:"凡战者,以正合,以奇胜。"这就是说,打仗主要靠出奇制胜。孙武认为"战势不过奇正",而"奇"与"正"的关系,则是相变相生的,"奇"可以变为"正","正"也可以变为"奇","奇正之变,不可胜穷也"。他认为一个高明的将帅,随着情况的变化而变换奇正战法,犹如天地一样变化无穷,江河一样奔流不竭,总是善出奇兵,打败敌人。

为了造势、"任势",孙武强调要"示形"、"动敌"。他认为这是达到出奇制胜的重要手段。他说:"善动敌者,形之,敌必从之;予之,敌必取之。以利动之,以卒待之。"毛泽东同志对于示形问题曾给予肯定的评价,在《中国革命战争的战略问题》中指出:"我们可以人工地造成敌军的过失,例如孙子所谓'示形'之类(示形于东而击于西，即所谓声东击西）。"

　　孙武在论述奇正的变化运用时，体现了朴素的辩证法思想。他提出的奇正相生、奇正相变的观点，不仅在军事学术史上有重要价值，在哲学史上也有其一定的地位。当然，由于时代的局限，在他看来，世界上的一切事物的发展变化，不过是"周而复始"，"死而复生"，"如循环之无端"，认识不到事物是螺旋式发展的。

虚　实　篇

本篇主要论述在作战指导上必须"避实而击虚","因敌而制胜",调动敌人而不被敌人所调动,主动灵活地争取战争的胜利。

孙子曰:凡先处①战地而待敌者佚,后处战地而趋战②者劳。故善战者,致人而不致于人③。能使敌人自至者,利之也;能使敌人不得至者,害之也。故敌佚能劳之,饱能饥之,安能动之。

注　释

① 处:居止,这里是到达、占据的意思。
② 趋战:仓促应战的意思。趋,疾行、奔赴。
③ 致人而不致于人:调动敌人而不为敌人所调动。致,引来,这里是调动的意思。

大　意

凡先到达战地而等待敌人的就从容、主动,后到达战地而仓促应战的就疲劳、被动。所以,善于指挥作战的人,总是调动敌人而不被敌人所调动。能使敌人自己来上钩的,是以利引诱的结果;能使敌人不得前来的,是以害威胁的结果。所以,敌人休整得好,能设法使它疲劳;敌人给养充分,能设法使它饥饿;敌人安处不动,能设法调动它。

出其所不趋①,趋其所不意。行千里而不劳者,行于无人之地也。攻而必取者,攻其所不守也;守而必固者,守其所不攻也。故善攻者,敌不知其所守;善守者,敌不知其所攻。微②乎微乎,至于无形,神③乎神乎,至于无声,故能为敌之司命。进而不可御者,冲其虚也;退而不可追者,速而不可及也。故我欲战,敌虽高垒深沟,不得不与我战者,攻其所必救④也;我不欲战,画地而守⑤之,敌不得与我战者,乖其所之⑥也。

注 释

①　出其所不趋:出兵要指向敌人无法急救的地方,也就是击其空虚的意思。汉简《孙子兵法》此句作“出于其所必趋”,《太平御览》等此句作“出其所必趋”,均为“攻其必救”之意。

②　微:微妙。

③　神:神奇、深奥。

④　攻其所必救:攻击敌人必然要救援的要害之处,以便调动敌人。例如,公元前353年,齐将田忌根据军师孙膑的建议,采取“批亢捣虚”、“攻其必救”的战法,不直接救援正被魏军围攻的赵都邯郸(今河北邯郸),而向魏都大

梁(今河南开封)进军,迫使魏军回师自救,从而解赵之围。这就是历史上有名的"围魏救赵"之战。

⑤ 画地而守:指不设防就可守住,比喻非常容易。

⑥ 乖其所之:即改变敌人的去向,把它引向别的地方去。乖,违背、背离,这里是改变的意思;之,这里作"往"字讲。

大 意

出兵要指向敌人无法急救的地方,行动于敌人意料不到的方向。行军千里而不困顿的,是因为行进在没有敌兵或敌人防守不严的地区。进攻必然得手的,是因为攻击敌人不注意防守或不易守住的地方;防守必然巩固的,是因为扼守敌人不敢攻或不易攻破的地方。所以,善于进攻的,能使敌人不知怎样守好;善于防守的,能使敌人不知怎样攻好。微妙呀! 微妙到看不出一点形迹;神奇呀! 神奇到听不出一点声息。这样,就能成为敌人命运的主宰。前进时,敌人无法抵御的,是由于冲向敌人防守薄弱的地方;退却时,敌人无法迫及的,是由于行动很快,敌人追不上。所以,我若求战,敌人即使坚守深沟高垒,也不得不出来与我交战的,是由于进攻敌人所必救的地方;我若不想交战,即使画地而守,敌人也无法和我交战的,是因为我设法改变了敌人的进攻方向。

故形人而我无形①,则我专②而敌分;我专为一,敌分为十,是以十攻其一也,则我众而敌寡;能以众击寡者,则吾之所与战者约③矣。吾所与战之地不可知,不可知,则敌所备者多;敌所备者多,则吾所与战者寡矣。故备前则后寡,备后则前寡,备左则右寡,备右则左寡,无所不备,则无所不寡。寡者,备人者也;众者,使人备己者也。

注 释

① 形人而我无形:用示形的办法欺骗敌人,诱使其暴露企图,而自己不露形迹,使敌人不知虚实,捉摸不定。

② 专:专一,这里是集中的意思。

③ 约:少而弱的意思。《淮南子·主术》:"所守甚约。"这里的"约"也是少的意思。

大 意

所以,用示形的办法欺骗敌人,诱使其暴露企图,而自己不露形迹,使敌捉摸不定,就能够做到自己兵力集中而使敌人兵力分散;自己兵力集中于一处,敌人兵力分散于十处,这样,我就能以十倍于敌的兵力打击敌人,造成我众而敌寡的有利态势;能做到以众击寡,那末与我军直接交战的敌人就少了。我们所要进攻的地方使敌人不知道,不知道,它就要处处防备;敌人防备的地方越多,兵力越分散,这样,我所直接攻击的敌人就不多了。所以,注意防备前面,后面的兵力就薄弱;注意防备后面,前面的兵力就薄弱;注意防备左翼,右翼的兵力就薄弱;注意防备右翼,左翼的兵力就薄弱;处处防备,就处处兵力薄弱。兵力所以少,是由于处处防备的结果;兵力所以多,是由于迫使敌人分兵防我的结果。

　　故知战之地，知战之日，则可千里而会战。不知战地，不知战日，则左不能救右，右不能救左，前不能救后，后不能救前，而况远者数十里，近者数里乎？以吾度^①之，越人^②之兵虽多，亦奚^③益于胜败哉？故曰：胜可为^④也。敌虽众，可使无斗^⑤。

注　释

　　①　度（duó 夺）：忖度、推断。
　　②　越人：即越国人。越是吴的敌国。
　　③　奚（xī 希）：疑问词，何的意思。
　　④　胜可为：指胜利是可以争取到的。孙武在《形篇》中说："胜可知而不可为。"是说胜利可以预知，但不能凭主观愿望去取得，必须具备一定的条件才行；此处又说"胜可为"，是说在具备一定条件的基础上，能够通过将帅巧妙的指挥取得胜利。不难看出，这里包含有朴素的辩证法思想。
　　⑤　可使无斗：可以使敌人兵力分散而无法用全力与我交战。

大　意

　　所以，能预知同敌人交战的地点，能预知同敌人交战的时间，这样，即使跋涉千里，也可同敌人会战。如果既不能预知交战的地点，又不能预知交战的日期，就会左不能救右，右不能救左，前不能救后，后不能救前，何况远到几十里、近的也有好几里呢！依我看来，越国的兵虽多，对于决定战争的胜败又有什么补益呢？所以说，胜利是可以争取到的。敌人兵力虽多，也可以使其无法用全部力量与我交战。

故策①之而知得失之计②,作③之而知动静之理④,形之而知死生之地⑤,角之而知有余不足之处⑥。故形兵之极,至于无形;无形,则深间不能窥⑦,智者不能谋。因形而错胜于众⑧,众不能知;人皆知我所以胜之形⑨,而莫知吾所以制胜之形。故其战胜不复⑩,而应形于无穷。

注 释

① 策:策度、筹算,这里是根据情况分析判断的意思。

② 得失之计:这里指敌人作战计划的优劣长短。

③ 作:动作,这里是挑动的意思。

④ 动静之理:指敌人行动的规律。

⑤ 死生之地:指敌人所处地形的有利不利的情况。

⑥ 角之而知有余不足之处:角,角量、较量,这里指进行试探性的进攻。此句是说,经过试探性进攻,就可了解敌人兵力部署的虚实情况。例如,公元222年,吴蜀两军相持于猇亭(今湖北宜都北)一带,吴将陆逊得知蜀军连营数百里,兵力分散,士气沮丧,决定实施反攻。为进一步摸清情况,陆逊派兵先攻蜀军一营,结果失利。诸将都认为"空杀兵耳",陆逊则认为"吾已晓破敌之术"。原来,经过这次战斗侦察,陆逊发现蜀军军营都是木栅构成,于是,决定火攻破敌,取得了连破蜀军四十余营的彝陵之战的胜利。

⑦ 深间不能窥:指即使有深藏的间谍,也无法探知我之真实情况。窥,偷看的意思。

⑧ 错胜于众:指将胜利摆在人们面前。错,通"措",放置的意思。

⑨ 形:形态,这里指作战的方式方法。

⑩ 战胜不复:指作战方法灵活多变,每次取胜的方法都不重复。

大 意

认真分析判断,以求明了敌人作战计划的优劣长短;

挑动敌人,以求了解其活动的规律;示形诱敌,以求摸清
其所处地形的有利不利;进行战斗侦察,以求探明敌人兵
力部署的虚实强弱。所以,示形诱敌的方法运用到极妙
的程度,能使人们看不出一点形迹。这样,就是有深藏的
间谍,也无法探明我方的虚实,即使很高明的人,也想不
出对付我的办法来。把根据敌情变化灵活运用战法而取
得的胜利摆在众人面前,人们也看不出来;人们都知道我
取胜的一般战法,但不知道我是怎样根据敌情变化灵活
运用这些战法而取胜的。所以,每次战胜,都不是重复老
一套,而是适应敌情的发展而变化无穷。

　　夫兵形①象水,水之形,避高而趋下;兵之形,避实而
击虚②。水因地而制流,兵因敌而制胜。故兵无常势,水
无常形;能因敌变化而取胜者,谓之神③。故五行无常
胜④,四时无常位⑤,日有短长⑥,月有死生⑦。

注　释

　　①　兵形:用兵的规律。形,方式方法,这里有规律的意思。
　　②　避实而击虚:指避开敌人坚实之处,攻击其空虚薄弱的地方。例如,
公元前632年,晋文公率晋、齐、秦军救宋,与围宋的楚军在城濮(今山东鄄城
西南)决战时,就是采取避实击虚的战法打败楚军的。战斗开始时,晋军为了
避免与楚的中军主力决战,令其下军把驾车的马蒙上虎皮,首先向楚右军进
攻。楚右军是由其盟军陈、蔡军队组成的,战斗力最弱,遭到这一出其不意的
打击,立即溃败。晋上军主将狐毛为了诱歼战斗力较弱的楚左军,接战后故
意竖起两面大旗引车佯退,下军主将栾枝也令阵后的战车拖着树枝扬起尘土

伪装败逃。楚军统帅子玉不知是计,下令追击。晋军元帅先轸指挥中军主力乘机横击楚军,晋上军也回军夹击,楚左军大部被歼。子玉急忙下令撤退,才保全了中军逃回楚地。

③　神:神奇、智谋高超,这里是用兵如神的意思。

④　五行无常胜:五行,即金、木、水、火、土。古人把这五种东西看作构成万物的基本元素,并认为它们之间"相生相胜"。所谓"相生",即木生火,火生土,土生金,金生水,水生木。所谓"相胜"(也叫"相克"),指金克木、木克土,土克水,水克火,火克金。这种相生相克的结果没有哪一个固定独胜。这种观点,现在看来当然是不科学的;但这是古时人们企图唯物地解释世界的一种努力。后来五行学说被唯心主义者特别是某些反动思想家所歪曲、利用,变成了封建迷信的糟粕。

⑤　四时无常位:指春、夏、秋、冬依次更替,循环往复,没有哪个季节固定不变。

⑥　日有短长:指一年之中,白天的时间有短有长,始终处于变化之中。

⑦　月有死生:指月亮有圆缺明暗的变化。

大 意

用兵的规律像水,水流动的规律是避开高处而流向低处,用兵的规律是避开敌人坚实之处而攻击其虚弱的地方。水因地势的高下而制约其流向,用兵则要依据敌情而决定其取胜方针。所以,用兵作战没有固定不变的方式方法,就像水流没有固定的形状一样;能依据敌情变化而取胜的,就称得上用兵如神了。用兵的规律就像自然现象一样,"五行"相生相克,四季依次交替,白天有短有长,月亮有缺有圆,永远处于变化之中。

简　评

孙武在本篇中突出地论述了"避实而击虚","因敌而制胜",主动灵活地打击敌人的作战指导问题。他认为"兵形象水",水的流动是"避高而趋下","因地而制流",用兵则要"避实而击虚","因敌而制胜","能因敌变化而取胜者,谓之神"。孙武的这一作战指导思想,对于如何正确地选择作战目标、作战方向和指导军队的作战行动,具有重要价值。

在阐述这一思想时,孙武以较大的篇幅论证了军事上"虚实"的可变性,指出"兵无常势,水无常形",虚实也像"五行无常胜,四时无常位,日有短长,月有死生"一样,永远处于变化之中,只要善于掌握它的变化规律,就能变敌之"实"为"虚",变己之"虚"为"实",做到以己之实,击敌之虚,以夺取战争的胜利。所以他说:"胜可为也。敌虽众,可使无斗。"孙武这些思想,包含有唯物辩证法思想的因素,是其新兴地主阶级进步性的反映。而一切没落势力的代表人物,则常以孤立、静止、片面的形而上学观点看待战争问题。他们把战争过程中的众寡、强弱、攻守、进退、全局与局部等等关系,往往看作一成不变的,以致片面强调"小固不可以敌大,寡固不可以敌众,弱固不可以敌强"等等。这正是他们的唯心论和机械论在战争问题上的反映。

孙武从"胜可为"的思想出发,还提出了"致人而不致于人"和我专而敌分"等重要的军事原则。他认为善于指导战争的人,在一定条件下,可以依靠主观努力取得战争的主动权,调动敌人而不被敌人所调动。如通过"示形"等各种手段欺骗敌人,隐蔽自己的行动企图,就可以分散敌人而集中自己的兵力,做到"我专为一,敌分为十"，甚至使敌人完全陷入"无所不备，无所不寡"的被动境地，而自己则"出其所不趋"，"攻其所必救"，主动灵活地打击敌人，主宰敌人的命运。孙武的这些论述，为历来著名军事人物所推崇，其中一些基本原则，至今仍有其生命力。

军 争 篇

本篇主要论述如何先敌争取制胜条件,取得有利的作战地位问题,并提出了"避其锐气,击其惰归"的著名军事原则。

孙子曰:凡用兵之法,将受命于君,合军聚众①,交和而舍②,莫难于军争③。军争之难者,以迂为直,以患为利④。故迂其途,而诱之以利,后人发,先人至,此知迂直之计者也。

注 释

① 合军聚众:指聚集民众,组成军队。

② 交和而舍:指两军营垒对峙的意思。和,"和门",即军门;舍,驻扎。曹操注:"军门为和门,左右门为旗门,以车为营曰辕门,以人为营曰人门,两军相对为交和。"

③ 军争:两军争夺制胜条件。

④ 以迂为直,以患为利:指通过看起来迂远曲折的途径而达到近直的目的,化不利为有利。迂,迂远、曲折;患,祸患、不利。

大　意

　　大凡用兵的法则,将帅受领国君的命令,从组织民众编成军队,到开赴前线与敌对阵,这中间最困难的事情莫过于与敌人争夺有利的制胜条件了。军争中最难的地方,又在于如何通过迂远曲折的途径达到近直的目的,化不利为有利。故意迂回绕道,并用小利引诱迟滞敌人,这样就能做到比敌人后出动而先到达必争的要地,这就叫作懂得“以迂为直”的计谋。

　　故军争为①利,军争为危。举军②而争利,则不及;委军③而争利,则辎重捐④。是故卷甲而趋⑤,日夜不处,倍道兼行⑥,百里而争利,则擒三将军⑦,劲者先,疲者后,其法十一而至⑧;五十里而争利,则蹶上将军⑨,其法半至;三十里而争利,则三分之二至。是故军无辎重则亡,无粮食则亡,无委积⑩则亡。

注　释

①　为:这里作“是”、“有”解。
②　举军:全军带着所有装备辎重行动。举,全的意思。
③　委军:指丢弃笨重物资器械,轻装前进的意思。委,丢弃。
④　辎重捐:辎重,指随军运载的军用器械、粮秣等;捐,损失。
⑤　卷甲而趋:指卷起铠甲急速行进的意思。甲,铠甲。
⑥　倍道兼行:指以加倍的行程昼夜不停地连续行军。倍道,加倍行程的意思;兼行,昼夜不停地连续行军。

⑦　擒三将军：三军将领可能被俘，即全军覆没的意思。擒，被敌所擒。

⑧　十一而至：指部队因疲劳而大部掉队，仅有十分之一的人到达。

⑨　蹶上将军：指前军将领可能遭受挫败。蹶（juě 诀），挫败；上将军，前军的将领。

⑩　委积：指物资储备。

大　意

军争是有利的，也是有危险的。全军带着所有辎重去争利，就会行动迟缓而赶不上；放下辎重去争利，辎重就会损失。因此，卷甲急进，日夜不息，以加倍的行程连续行军，走上百里的路程去与敌争利，三军将领都可能被擒，身体健壮的士卒先到了，体弱疲倦的掉了队，其结果可能只有十分之一的兵力赶到；走上五十里的路程去争利，先头部队的将领就可能遭受挫败，其结果部队也只有半数赶到；走上三十里的路程去争利，部队也只有三分之二赶到。所以，军队没有辎重就会失败，没有粮食就不能生存，没有物资储备就无法坚持作战。

故不知诸侯之谋者，不能豫交①，不知山林、险阻②、沮泽③之形者，不能行军，不用乡导④者，不能得地利；故兵以诈立⑤，以利动⑥，以分合为变⑦者也；故其疾如风⑧，其徐如林⑨，侵掠如火⑩，不动如山⑪，难知如阴⑫，动如雷震⑬；掠乡分众⑭，廓地分利⑮，悬权而动⑯。先知迂直之计者胜。此军争之法也。

注　释

① 　豫交:指与诸侯结交。豫,通"与",参与的意思。

② 　险阻:指山水险要阻隔的地形。

③ 　沮(jǔ 举)泽:指沼泽地带。

④ 　乡导:即向导,给军队带路的人。

⑤ 　以诈立:以诡诈办法诱骗敌人而取得成功。例如,公元 1360 年,占据安徽、江西一带的陈友谅部,自恃势力较强,企图消灭占据南京一带的朱元璋部;朱元璋则采取诈骗歼敌的办法,命令部将康茂才(陈友谅的老朋友)向陈友谅诈降,表示愿为内应,并约定在江东桥(今南京江东门附近)会合,暗中设置大量伏兵。陈友谅信以为真,率舟师顺流急下,在江东桥一带遭朱元璋军水陆夹击。陈友谅军大乱,淹死无数,被俘七千余人,陈友谅逃往江州(今九江市)。

⑥ 　以利动:根据是否有利而采取适当行动。

⑦ 　以分合为变:指作战时兵力的分散或集中,应根据情况变化而变化。

⑧ 　其疾如风:指军队行动快速如风。疾,快速。

⑨ 　其徐如林:指军队行动缓慢时,犹如严整的森林。徐,缓慢。

⑩ 　侵掠如火:进攻敌人时,像燎原烈火,猛不可当。侵掠,指袭击、进攻。《左传·庄公二十九年》:"凡师(战)有钟鼓曰伐,无曰侵,轻曰袭。"

⑪ 　不动如山:指部队驻守时,像山岳一样,不可动摇。

⑫ 　难知如阴:隐蔽时,就像阴云遮天看不到日月星辰那样。

⑬ 　动如雷震:行动起来,犹如万钧雷霆。

⑭ 　掠乡分众:乡,古代地方行政组织。此句一说指掠取敌"乡"(地方)的粮食、资财,要分兵数路。另一说是夺取敌之资财,要分出一部分奖励部下。

⑮ 　廓地分利:廓,开拓的意思。此句一说指开拓疆土,应分别利害,择要据守。另一说,开拓土地,分与有功者。

⑯ 　悬权而动:指权衡敌我形势,相机而动。

大　意

　　所以,不了解列国诸侯的计谋,不能与其结交;不熟悉山林、险阻、沼泽等地形的,不能行军;不使用向导的,不能得地利。用兵打仗要奇诈多变才能获得成功,根据是否有利采取行动,分散或集中使用兵力,随情况而变。军队行动快速时,像狂风骤至;行动缓慢时,像严整的森林;进攻敌人时,像迅猛的烈火;驻守时,像山岳一样屹立不动;隐蔽时,像阴天看不见日月星辰那样;动作起来,就像万钧雷霆。夺取敌“乡”的粮食、资财,要分兵数路,开拓疆土,要分守要地,权衡形势,相机而动。先懂得以迂为直计谋的,就能胜利。这就是军争的原则。

　　《军政》①曰:“言不相闻,故为金鼓;视不相见,故为旌旗。”夫金鼓旌旗②者,所以一人之耳目也;人既专一,则勇者不得独进,怯者不得独退,此用众之法也。故夜战多火鼓,昼战多旌旗,所以变人之耳目③也。

注　释

　　①　军政:古兵书。
　　②　金鼓旌旗:古代军队作战的指挥工具。
　　③　变人之耳目:指根据白天和黑夜的不同情况来变换指挥信号,以适应士卒的视听能力。变,适应。

大　意

　　《军政》上说:“用语言指挥听不到,所以使用金鼓;用动作指挥看不清,所以使用旌旗。"金鼓旌旗都是用来统一军队作战行动的;军队行动既然统一了,那么勇敢的将士就不得单独前进,怯懦的也不得单独后退,这就是指挥人数众多的军队的方法。所以夜间作战要多使用火光和鼓声,白天作战要多使用旌旗,之所以变换这些信号,都是为了适应士卒的视听能力。

　　故三军可夺气①,将军可夺心②。是故朝气锐,昼气惰,暮气归③。故善用兵者,避其锐气,击其惰归④,此治气者也。以治待乱,以静待哗⑤,此治心者也。以近待远,以佚待劳,以饱待饥,此治力者也。无邀正正之旗⑥,勿击堂堂之陈⑦,此治变者也。

注　释

　　①　夺气:挫伤士气。夺,剥夺,这里指打击、挫伤。
　　②　夺心:指动摇将军的决心。《吴子·治兵》:"用兵之害,犹豫最大,三军之灾,生于狐疑。"古人用兵时,很重视扰乱和动摇敌将的决心。
　　③　朝气锐,昼气惰,暮气归:指军队初战时,士气旺盛,锐不可当;经过一段时间以后,由于力量的损耗,士气逐渐怠惰;到了后期,士气衰竭,将士思归。
　　④　避其锐气,击其惰归:即避开敌军锐气,等到敌军怠惰疲惫、士气沮丧时予以攻击。例如,公元前684年,齐国进攻鲁国,战于长勺。鲁庄公起初不待齐军疲惫,就要擂鼓出战,被曹刿劝止。等到齐军击鼓三次进攻受挫时,曹刿说可以反击了。于是,鲁国军队发起反击,打败了齐军。事后,鲁庄公问曹刿打败齐军的道理,曹刿说:"夫战,勇气也。一鼓作气,再而衰,三而竭。彼竭我盈,故克之。"

　　⑤　哗:喧哗、嘈杂。

　　⑥　无邀正正之旗:指不要迎击旗帜整齐、部署周密的敌人。邀,迎击、截击的意思。

　　⑦　勿击堂堂之陈:指不要攻击实力雄厚、阵容严整的敌人。陈(zhèn阵),古"阵"字。

大　意

　　三军可以挫伤其锐气,将军可以动摇其决心。军队初战的时候,士气比较旺盛,经过一段时间之后,就逐渐怠惰,到了后期,士卒就会气竭思归。所以善于用兵的人,总是避开敌人的锐气,等到敌人松懈疲惫了才去打它,这是掌握军队士气的方法。以自己的严整来对待敌人的混乱,以自己的镇静来对待敌人的哗恐,这是掌握军心的方法。以自己的靠近战场来对待敌人长途跋涉,以自己的从容休整来对待敌人的奔走疲劳,以自己的粮足食饱来对待敌人的粮尽人饥,这是掌握军力的方法。不去迎击旗帜整齐、部署周密的敌人,不去攻击阵容严整、实力雄厚的敌人,这是掌握因敌而变的方法。

　　故用兵之法,高陵勿向①,背丘勿逆②,佯北勿从③,锐卒④勿攻,饵兵⑤勿食,归师勿遏⑥,围师必阙⑦,穷寇勿迫⑧。此用兵之法也。

注　释

　　①　高陵勿向:对占领高地的敌人,不要去仰攻它。陵,山陵;向,指仰

攻。

　② 背丘勿逆：即敌人背靠高地,不可正面攻击。背,背靠、倚靠;逆,这里是迎击的意思。

　③ 佯北勿从：佯,假装;北,败北,即失败。此句指敌人假装败走,不要跟踪追击,以防遭敌伏击。例如,公元前 260 年,秦军进攻赵国,赵括率赵军在长平(今山西高平县西北)反击秦军,秦军假装败走,赵括不问虚实,贪胜直追,陷入了秦军的包围,赵军粮绝四十六日,突围未成,赵括中箭而死,最后全军覆灭。

　④ 锐卒：指锐气方盛的部队。

　⑤ 饵兵：诱兵,即诱敌就范的小部队。饵,钓鱼用的鱼食。

　⑥ 归师勿遏：指对正向其本国撤退的敌军,不要去拦阻它。遏,阻止、拦阻。

　⑦ 围师必阙：指包围敌军时要留缺口。阙(quē 缺),通"缺"。汉简《孙子兵法》为"围师遗阙"。

　⑧ 穷寇勿迫：对陷入绝境的敌人,不要过分地逼迫它。

大　意

　　所以,用兵的方法：敌人占领高地,不要去仰攻;敌人背靠高地,不要从正面攻击;敌人假装败退,不要去跟踪追击;敌军锐气正盛,不要去进攻;敌人以"饵兵"诱我,不要去理睬;正在撤退回国的敌人,不要去拦阻;包围敌人,要留有缺口;对陷入绝境的敌人,不要去逼迫它。这些,都是用兵应当掌握的原则。

简　评

　　本篇所论述的是两军争利争胜的问题,其中心思想是力争掌握战场的主动权。

孙武认为在作战过程中,如何先敌占领战场要地和掌握有利战机,是两军相争中最重要最困难的问题。为了争取有利的地位,他认为,必须懂得"以迂为直,以患为利"的原则,要"故迂其途,而诱之以利",和采取表面上不利于己的手段来欺骗迷惑敌人,做到"后人发,先人至"。孙武认识到军争有利和有害的两个方面,指出"军争为利,军争为危",强调在军争过程中还要处理好"举军而争利"与"委军而争利"的问题,既要行动迅速,又不能只顾轻装而丢弃辎重,只顾急进而把部队拖垮。他警告说,军队没有辎重就无法生存,轻率冒进,三军将领就有被俘的危险。本来,迂与直,患与利,后发与先至,彼此之间是有矛盾的,但孙武认为,只要指挥得当,就可化不利为有利。

孙武强调,要达到争利的目的,还必须知道各诸侯国的动向,了解行军的道路和战场地形,重视使用向导,实施统一的指挥,并提出"其疾如风,其徐如林,侵掠如火,不动如山"等行动要求,以及要很好地掌握欺诈敌人、不断"分合"变化使用自己的兵力等用兵原则,这些都是有一定价值的。

在本篇中,孙武还提出了"治气"、"治心"、"治力"、"治变"的作战指导思想和办法,特别是他提出的"避其锐气,击其惰归"的军事名言,反映了战争指导中一些带规律性的东西。毛泽东同志在《中国革命战争的战略问题》中指出:"孙子说的'避其锐气,击其惰归',就是指的使敌疲劳沮丧,以求减杀其优势。"

但是,孙武在本篇中提出的"归师勿遏","穷寇勿迫"等,则是机械的,片面的。

九　变　篇

本篇主要论述根据情况灵活运用原则的问题,强调考虑问题要兼顾利害两个方面,提出了有备无患的备战思想。

孙子曰:凡用兵之法,将受命于君,合军聚众,圮地①无舍,衢地②交合,绝地③无留,围地④则谋,死地⑤则战;塗有所不由⑥,军有所不击⑦,城有所不攻⑧,地有所不争,君命有所不受⑨。故将通于九变⑩之地⑪利者,知用兵矣;将不通于九变之利者,虽知地形,不能得地之利矣。治兵不知九变之术,虽知五利⑫,不能得人之用矣。

注　释

①　圮地:难于通行的地区。圮(pǐ 痞),毁坏的意思。《九地篇》:"行山林、险阻、沮泽,凡难行之道者,为圮地。"

②　衢地:四通八达的地区。衢(qú 渠),四通八达。《九地篇》:"诸侯之地三属,先至而得天下之众者,为衢地。"

③　绝地:指交通困难,又无水草粮食,难于生存的地区。《九地篇》:"去

国越境而师者,绝地也。"也是"绝地"的一种。

④　围地:指地形四面险阻,出入通路狭窄的地区。《九地篇》:"所由入者隘,所从归者迂,彼寡可以击吾之众者,为围地。"又说:"背固前隘者,围地也。"

⑤　死地:指前不得进,后不得退,非死战就难以生存的地区。《九地篇》:"疾战则存,不疾战则亡者,为死地。"又说:"无所往者,死地也。"

⑥　塗有所不由:塗,通"途",道路。这句是说,有的道路不要通过。例如,公元前154年,汉将周亚夫率军自长安出发,东攻吴、楚叛军,行至霸上(长安东)时,根据赵涉的建议,为了避开吴楚设置于殽山(今河南洛宁西北)、渑池(今河南渑池)之间的间谍和伏兵,改变原拟经殽、渑直趋洛阳的近便路线,而走右出武关(今陕西丹凤东南)、绕道一二日的远路,结果顺利地会师洛阳,并占领荥阳(今河南荥阳西南),为平定七王之乱创造了有利条件。

⑦　军有所不击:有的敌军不要攻击。汉简《孙子兵法》佚文:"军之所不击者,曰:两军交和而舍,计吾力足以破其军,獾其将。远计之,有奇势……如此者,军虽可击,弗击也。"

⑧　城有所不攻:有的城寨不要攻占。汉简《孙子兵法》佚文:"城之所不攻者,曰:计吾力足以拔之,拔之而不及利于前,得之而后弗能守。……及于前,利得而城自降,利不得而不为害于后。若此者,城虽可攻,弗攻也。"例如,公元617年,李渊在攻占霍邑(今山西霍县)之后,进军到龙门(今山西河津),以主力围攻河东(今山西永济)。河东隋军守将屈突通凭坚固守,李渊屡攻不下,为贯彻其"乘虚入关,号令天下"的意图,便决定暂时绕过河东,直取长安,结果很快就攻下了长安,夺取了关中,河东守将屈突通被迫投降。

⑨　君命有所不受:国君的命令有的可以不执行。汉简《孙子兵法》佚文:"君令有所不行者,君令有反此四变(指以上塗有所不由等)者,则弗行也。"可以看出,孙武的"君命有所不受"是有条件的,其本意是以符合国君和新兴地主阶级的根本利益和夺取战争胜利为前提的。

⑩　九变:机变行事,灵活多变地运用原则。对"九变"历来说法不一:有的认为,九者,数之极,九变即多变;有的认为,九变,是指本篇"圮地无舍"至

"地有所不争"等九事;有的则认为,九变应是《军争篇》中的"高陵勿向,背丘勿逆,佯北勿从,锐卒勿攻,饵兵勿食,归师勿遏,围师必阙,穷寇勿迫"和本篇的"绝地无留"等九事,由于错简而分开了,但根据汉简《孙子兵法》,"高陵勿向"等句确为《军争篇》篇末简文,故此说似无根据。

　　⑪　地:宋本《武经七书》、《太平御览》等无"地"字。

　　⑫　五利:指"塗有所不由,军有所不击,城有所不攻,地有所不争,君命有所不受"。

大　意

　　大凡用兵的方法,主将受领国君的命令,征集兵员编成军队,在"圮地"上不要驻止,在"衢地"上要与邻国结交,在"绝地"上不可久留,在"围地"上要巧出奇谋,陷入"死地"就要殊死奋战;有的道路不要通过,有的敌军不要攻击,有的城邑不要攻占,有的地方不要争夺,有的国君命令可以不执行。所以,将帅能通晓九变好处的,就懂得用兵了;将帅不通晓九变好处的,虽然知道地形情况,也不能得地利。治兵而不知道九变的方法,虽然知道"五利",也不能充分发挥军队的作用。

　　是故智者之虑,必杂于利害①。杂于利而务可信②也;杂于害而患可解③也。

注　释

　　①　杂于利害:考虑到有利有害两个方面。杂,搀杂,这里引申为"兼顾"。曹操注:"在利思害,在害思利。"

　　②　杂于利而务可信:在有利情况下考虑到不利方面,事情便可以顺利

进行。务,事的意思;信,通"伸"(shēn 申),伸行、发展的意思。

③ 杂于害而患可解:在不利情况下,考虑到有利的方面,祸患就可以解除。例如,公元 200 年,曹操与袁绍相持于官渡(今河南中牟东北)。曹操因兵少粮缺,士卒疲惫,后方不稳,处境困难,打算退保许昌。谋士荀彧认为:我以"十分居一之众"的劣势兵力,阻击袁军已有半年之久,眼下袁绍的力量已经衰竭,局面必将发生变化,正是出奇制胜的大好时机。曹操采纳了荀彧的意见,决心坚持危局,加强防守,不久,果然赢得了官渡之战的胜利。

大　意

明智的将帅考虑问题,总是兼顾到利害两个方面。在有利情况下考虑到不利的方面,事情就可以顺利进行;在不利情况下考虑到有利的方面,祸患就可以解除。

是故屈诸侯者以害;役①诸侯者以业②;趋③诸侯者以利。

注　释

① 役:役使,这里指役使诸侯为我效力。

② 业:指危险的事情。《诗经·商颂·长发》中"有震且业"和《尔雅》中"业业翘翘,危也"中的"业",都是指的危险。

③ 趋:归附、依附。《荀子·议兵》:"故近者歌讴而乐之,远者竭蹶而趋之。"这里的"趋",也是归附的意思。

大　意

能使诸侯屈服的,是用诸侯最害怕的事情去威胁它;能役使诸侯的,是用危险的事情去困扰它;能使诸侯归附的,是用利益去引诱它。

　　故用兵之法,无恃其不来,恃吾有以待也;无恃其不攻,恃吾有所不可攻也。

大　意

　　所以用兵的法则,不要寄希望于敌人不会来,而要依靠自己严阵以待,充分准备;不要寄希望于敌人不会进攻,而要依靠自己有使敌人无法攻破的充足力量。

　　故将有五危:必死①,可杀也;必生②,可虏也;忿速③,可侮也;廉洁④,可辱也;爱民,可烦也。凡此五者,将之过也,用兵之灾也。覆军杀将,必以五危,不可不察也。

注　释

　　①　必死:这里指勇而无谋,只知死拼。《吴子·论将》:"凡人论将,常观于勇,勇之于将,乃数分之一耳。夫勇者必轻合,轻合而不知利,未可也。"也是说将帅勇而无谋,只知轻率与敌人死拼,是不可取的。
　　②　必生:临阵畏怯,贪生怕死。
　　③　忿速:指急躁易怒,一触即跳。忿(fen 奋),忿怒。
　　④　廉洁:这里指廉洁好名,过于自尊。

大　意

　　将帅有五种致命弱点:有勇无谋,只知死拼,就可能被敌诱杀;临阵畏怯,贪生怕死,就可能被敌俘虏;急躁易怒,一触即跳,就可能被敌凌侮而妄动;廉洁好名,过于自尊,就可能被敌污辱而失去理智;只知"爱民",就可能被敌烦扰而陷于被动。以上五点,是将帅易犯的过失,是用兵的灾害。军队的覆灭、将帅的被杀,都是由于这五种致命弱点造成的,这是为将帅的人不可不慎重考虑的。

简　评

本篇主要论述在特殊情况下的灵活处置问题,强调要善于根据情况,灵活变换战法;否则,即使熟知"地形",也不能"得地之利",虽知"五利",也不能"得人之用",这样是不可能赢得战争胜利的。

孙武为了防止将帅因死用原则而招致失败,明确地提出了"塗有所不由,军有所不击,城有所不攻,地有所不争,君命有所不受"等主张,其中既包含要求将帅根据具体情况灵活处置,也包含有所不为才能有所为和要有所取就必须有所不取的朴素辩证观点。孙武认识到,为了达到预期的作战目的,对那些从全局看来无关紧要的目标,则应坚决"不击"、"不攻"、"不争"。只有这样,才能达成作战行动的主要目的。

"智者之虑,必杂于利害",是孙武在本篇中所表达的又一个重要思想。他要求将帅必须做到全面地看问题,在有利的形势下要看到不利的方面,在不利条件下要看到有利方面,这样才能趋利避害,防患未然。

在备战思想上,孙武提出了"无恃其不来,恃吾有以待也;无恃其不攻,恃吾有所不可攻也"的观点,强调任何时候都不要把希望寄托在敌人"不来"、"不攻"上面,而要充分准备,使敌人无机可乘,无懈可击。显然,这种观点是积极的,有价值的。

行 军 篇

本篇主要论述行军作战的要领和观察判断敌情的方法,并提出了"令之以文,齐之以武"的治军思想。

孙子曰:凡处军相敌①:绝山依谷②,视生处高③,战隆无登④,此处山之军也。绝水必远水⑤;客⑥绝水而来,勿迎之于水内,令半济而击之⑦,利;欲战者,无附⑧于水而迎客;视生处高,无迎水流⑨,此处水上之军也。绝斥泽⑩,惟亟去⑪无留;若交军于斥泽之中,必依水草而背众树⑫,此处斥泽之军也。平陆处易⑬而右背高⑭,前死后生⑮,此处平陆之军也。凡此四军⑯之利,黄帝⑰之所以胜四帝⑱也。

注 释

① 处军相敌:处军,指行军作战中军队在各种地形上的处置要领。处,处置、部署。相敌,指观察判断敌情。相,观察。《吴子·论将》:"两军相望,不知其将,我欲相之,其术如何?"其中"我欲相之"的"相"也是观察的意思。

②　绝山依谷：指行军通过山地，要靠近有水草的谷地。绝，横渡、穿越，这里是通过的意思。

③　视生处高：居高向阳。视生，向阳的意思。曹操注："生者，阳也。"

④　战隆无登：敌人占据高地，不可仰攻。隆，高地。

⑤　绝水必远水：横渡江河，要在离河流稍远的地方驻扎，这样可以有进退回旋的余地。

⑥　客：这里指敌军。

⑦　半济而击之：乘敌军部分已渡、部分未渡的时候予以攻击。这时敌首尾不接，行列混乱，攻击比较有利。例如，公元前506年，吴军在柏举（今湖北汉川以北）击败楚军后，乘胜追击，于清发水（今湖北安陆西的涢水）追上楚军。吴王阖庐正要下令攻击时，其弟夫概认为：困兽犹斗，何况人呢！于是提出"半济而后可击"的建议。经阖庐同意，乘楚军部分已渡、部分未渡的混乱之际，发起攻击，大败楚军。之后，吴军连战皆捷，很快占领了楚都郢城（今湖北江陵北）。

⑧　附：靠近。

⑨　无迎水流：不要逆着水流在敌军的下游驻扎或布阵，以防敌人决堤淹我或顺流来攻。迎，逆。

⑩　斥泽：指盐碱沼泽地带。斥，盐碱地。

⑪　惟亟去：指应该迅速离开。惟，宜；亟，急。

⑫　背众树：背靠树林的意思。背，背靠、依靠。

⑬　平陆处易：在平原地带驻军，要选择地势平坦、便于车战的地方。平陆，平原地带；易，平坦。

⑭　右背高：一说，以背靠高地为上。右，上的意思。古时以右为上，《管子·七法》："以炼卒精锐为右。"另一说，指右翼要依靠高处。

⑮　前死后生：前低后高。死，这里是低的意思；生，这里是高的意思。《淮南子·地形训》："高者为生，下者为死。"

⑯　四军：指上述山、水、斥泽、平陆四种地形条件下的处军原则。

⑰　黄帝：即轩辕，相传为部落联盟首领。《史记·五帝本纪》："黄帝者，

少典之子,姓公孙,名曰轩辕。"

　　⑱　胜四帝:指战胜四方部族首领。曹操注:"黄帝始立,四方诸侯无不称帝,以此四地胜之也。"另汉简《孙子兵法》佚文中记载:"〔黄帝南伐赤帝〕……东伐〔青〕帝,……北伐黑帝,……西伐白帝,……已胜四帝,大有天下。"

大　意

　　军队行军作战和观察判断敌情,应该注意:在通过山地时要靠近有水草的谷地,驻止时,要选择"生地",居高向阳;如敌人占据高地,不要仰攻。这些是在山地行军作战的处置原则。横渡江河,要在离江河稍远的地方驻扎;如果敌军渡河前来进攻,不要在江河中迎击,而要乘它部分已渡、部分未渡时予以攻击,这样比较有利;如果要与敌军交战,那就不要靠近江河迎击它;在江河地带驻扎,也要居高向阳,切勿在敌军下游驻扎或布阵。这些是在江河地带行军作战的处置原则。通过盐碱沼泽地带,应迅速离开,不要停留;如在盐碱沼泽地带与敌军遭遇,那就要占领有水草而靠树林的地方。这些是在盐碱沼泽地带行军作战的处置原则。在平原地带驻军,要选择地势平坦的地方,最好背靠高处,前低后高。这些是平原地带行军作战的处置原则。以上四种"处军"原则的好处,是黄帝所以能够战胜"四帝"的重要原因。

　　凡军好高而恶下①,贵阳而贱阴,养生而处实②,军无百疾,是谓必胜。丘陵堤防,必处其阳而右背之。此兵之利,地之助③也。上雨,水沫至,欲涉者,待其定也。凡地

有绝涧、天井、天牢、天罗、天陷、天隙④，必亟去之，勿近
也。吾远之，敌近之；吾迎之，敌背之。军行有险阻、潢井
葭苇⑤、山林蘙荟⑥者，必谨复索之⑦，此伏奸之所处也。

注　释

　　①　好高而恶下：喜欢高处而厌恶低下的地方。好（hào 号），喜爱；恶
（wù 务），厌恶。
　　②　养生而处实：军队要驻扎在便于生活和地势较高的地方。养生，指
物产丰富、便于生活的地方；实，坚实，这里指地势高的地方。
　　③　地之助：指得自地形的辅助。
　　④　绝涧、天井、天牢、天罗、天陷、天隙：绝涧，指两岸峭壁，水流其间的
地形。天井，指四周高峻，中间低洼的地形。天牢，指山险环绕，易进难出的
地形。天罗，指荆棘丛生，难于通过的地带。天陷，指地势低洼、泥泞易陷的
地带。天隙，指两山之间狭窄的谷地。曹操注："山深水大者为绝涧，四方高
中央下为天井，深山所过若蒙笼者为天牢，可以罗绝人者为天罗，地形陷者为
天陷，山涧道迫狭、地形深数尺长数丈者为天隙。"
　　⑤　潢井葭苇：指长满芦苇的低洼地带。潢（huáng 黄）井，低洼地；葭（jiā
家）苇，芦苇。
　　⑥　山林蘙荟：指草木长得很繁茂的山林地带。蘙荟（yì huì 义会），草木
长得很茂盛。
　　⑦　必谨复索之：必须仔细、反复搜索。复，反复；索，寻找、搜索。

大　意

　　大凡驻军，总是喜好高处而厌恶低洼的地方，要求向
阳，回避阴湿，驻扎在便于生活和地势高的地方，将士就
不至于发生各种疾病，这是军队必胜的一个重要条件。
丘陵、堤防驻军，必须驻扎在向阳的一面，并且要背靠着

它。对军队的这些好处,是得自地形的辅助。河流上游下暴雨,看到水沫漂来,要等水势平稳以后再渡,以防山洪暴至。凡是遇到"绝涧"、"天井"、"天牢"、"天罗"、"天陷"、"天隙"等地形,必须迅速避开而不要靠近。我远离它,让敌军去接近它;我面向它,让敌军去背靠它。军队在山川险阻、芦苇丛生的低洼地、草木繁茂的山林地区行动,必须仔细反复地搜索,因为这些都是容易隐藏伏兵和奸细的地方。

敌近而静者,恃其险也;远而挑战者,欲人之进也;其所居易者,利也①。众树动者,来也;众草多障者,疑也②;鸟起者,伏也;兽骇者,覆也③。尘高而锐者,车来也;卑而广者,徒来也④;散而条达⑤者,樵采也;少而往来者,营军⑥也。辞卑而益备⑦者,进也;辞强而进驱者,退也⑧;轻车先出居其侧者,陈也;无约而请和者,谋也;奔走而陈兵车者,期⑨也;半进半退者,诱也。杖而立⑩者,饥也;汲⑪而先饮者,渴也;见利而不进者,劳也。鸟集者,虚也;夜呼者,恐也;军扰者,将不重也;旌旗动者,乱也;吏怒者,倦也;粟马肉食⑫,军无悬瓿⑬,不返其舍者,穷寇也。谆谆翕翕⑭,徐与人言者,失众也;数赏者,窘也⑮;数罚者,困也⑯;先暴而后畏其众⑰者,不精之至⑱也;来委谢⑲者,欲休息⑳也。兵怒而相迎,久而不合,又不相去,必谨察之。

注　释

①　其所居易者,利也:指敌军之所以不居险要而居平地,定有它的好处和用意。

②　众草多障者,疑也:在杂草丛生的地方设有许多遮蔽物,是敌人企图迷惑我。

③　兽骇者,覆也:见到兽类惊骇猛跑,定是敌军大举来袭。覆,覆盖。曹操注:"敌广陈张翼,来覆我也。"

④　卑而广者,徒来也:飞尘低而宽广的是敌人步卒开来。卑,位置低下;徒,步卒。

⑤　条达:指飞尘分散而细长。

⑥　营军:指察看地形、准备设营的敌军。

⑦　辞卑而益备:指敌人派来的使者言词谦卑,而实际上却加紧备战。辞,同"词",即言词。

⑧　辞强而进驱者,退也:指敌人派来的使者言词强硬,并在行动上摆出进逼的架势,这往往是撤退的征兆。例如,公元前615年,秦国攻打晋国,晋派赵盾为中军统帅,到河曲(今山西永济)迎战。晋军针对秦军出国远征,难以持久的弱点,采取"深垒固军",待其撤退而击之的方针。秦军因久战不胜,决定撤退,为了掩饰其意图,派使者以强硬言辞约晋军于第二天再战。秦军的这一企图被晋上军的一个副将臾骈识破,建议乘其撤退时予以截击。但这个建议由于上大夫赵穿等的反对而未能实施,致使秦军在当晚得以安全撤退。

⑨　期:期求,这里指期求与我交战。

⑩　杖而立:指倚仗手中兵器而站立。杖,扶、依仗。

⑪　汲(jí级):从井中打水。

⑫　粟马肉食:指敌军用粮食喂战马,杀牲口吃。

⑬　军无悬瓿:指军队收拾炊具。瓿(fǒu否),同"缶",汲水的瓦器,这里泛指炊具。

⑭　谆谆翕翕:士卒聚集在一起低声议论。谆谆,叮咛;翕翕(xī 希),聚合。

⑮　数赏者,窘也:敌军一再犒赏士卒,说明已没有办法。

⑯　数罚者,困也:敌军一再处罚士卒,说明已陷入困境。

⑰　先暴而后畏其众:指将帅先对士卒凶暴,后来又惧怕士卒。

⑱　不精之至:指将帅太不精明。精,精明。

⑲　委谢:敌方托词派使者来谈判的意思。委,托、借;谢,告、语。

⑳　休息:这里指休兵息战。

大　意

　　敌军离我很近而仍保持镇静的,是倚仗它据有险要的地形;敌军离我很远而又来挑战的,是企图诱我前进;敌军之所以不居险要而居平地,定有它的好处和用意。树林里很多树木摇动的,是敌军向我袭来;在草丛中设有许多遮蔽物的,是敌人企图迷惑我;鸟儿突然飞起,是下面有伏兵;走兽受惊猛跑,是敌人大举来袭。飞尘高而尖的,是敌人战车向我开来;飞尘低而广的,是敌人步卒向我开来;飞尘分散而细长的,是敌人在打柴;飞尘少而时起时落的,是敌军察看地形,准备设营。敌方使者言词谦卑而实际上又在加紧战备的,是要向我进攻;敌方使者言词强硬而军队又向我进逼的,是准备撤退;敌战车先出并占据翼侧的,是布列阵势,准备作战;敌方没有预先约定而突然来请求议和的,其中必有阴谋;敌方急速奔走并展开兵车的,是期求与我交战;敌军半进半退的,可能是伪装混乱来引诱我。敌兵倚仗手中的兵器站立的,是饥饿缺粮;敌兵从井里打水而急于先饮的,是干渴缺水;敌人见利而不前进的,是由于疲劳过度。敌方营寨上有飞鸟停集的,说明营寨已空虚无人;敌营夜间有人惊呼的,说明敌军心里恐惧;敌营纷扰无秩序的,是其将帅没有威严;敌营旌旗乱动的,是其阵形混乱;敌官吏急躁易怒,是敌军过度困倦。敌人用粮食喂马,杀牲口吃,收起炊具,不返回营寨的,是"穷寇";敌兵聚集一起私下低声议论,是其将领不得众心;再三犒赏士卒的,说明敌军已没有别的办法;一再重罚部属的,是敌军陷于困境;将帅先对士卒凶暴后又畏惧士卒的,说明其太不精明了;敌人借故派使者来谈判的,是想休兵息战。敌军盛怒前来,但久不接战,又不离去,必须谨慎观察其企图。

兵非益多①也,惟无武进②,足以并力、料敌、取人③而已;夫惟无虑而易敌④者,必擒于人。

注　释

① 兵非益多:兵非越多越好。《武经七书》此句为"兵非贵益多"。
② 武进:恃勇轻进,即冒进的意思。
③ 并力、料敌、取人:并力,合力,这里指集中兵力;料敌,分析判断敌情;取人,指取胜于敌。
④ 无虑而易敌:无深谋远虑而又轻敌妄动。易,轻视。

大　意

打仗不在于兵力愈多愈好,只要不轻敌冒进,并能集中兵力,判明敌情,也就足以战胜敌人了。那种无深谋远虑而又轻敌妄动的人,势必成为敌人的俘虏。

卒未亲附①而罚之则不服,不服则难用也;卒已亲附而罚不行,则不可用也。故令之以文,齐之以武②,是谓必取③。令素行④以教其民⑤,则民服;令不素行以教其民,则民不服。令素行者,与众相得⑥也。

注　释

①　亲附:亲近依附。

②　令之以文,齐之以武:文,这里指政治、道义;武,这里指军纪、军法。这句是说,用政治、道义来教育士卒,用军纪、军法来统一步调。《吴子·论将》:"总文武者,军之将也;兼刚柔者,兵之事也。"

③　必取:必胜的意思。取,取胜。

④　素行:指平素认真施行。素,平素、一贯。

⑤　民:民众,这里指士卒。

⑥　相得:相投合,即相互信任的意思。

大　意

将帅在士卒尚未亲近依附时,就贸然处罚士卒,那士卒一定不服,这样就难以使用他们去打仗了;如果士卒对将帅已经亲近依附,仍不执行军纪军法,这样的军队也是不能打仗的。所以,要用政治道义教育士卒,用军纪军法来统一步调,这样的军队打起仗来就必定胜利。平素能认真执行命令、教育士卒,士卒就会服从;平素不认真执行命令、教育士卒,士卒就不会服从。平素所以能认真执行命令,是由于将帅与士卒相互取得信任的缘故。

简　评

本篇主要论述行军作战的组织指挥和利用地形地物、侦察判断敌情的问题。

孙武认为,"处军相敌"是作战指挥中的重要问题。"处军"必须善于利用地形,使自己军队经常占据便于作战、便于生活的有利之处。他在列举了山地、江河、盐碱沼泽地、平原等四种地形的不同处军原则之后,提出了"凡军好高而恶下,贵阳而贱阴,养生而处实"等利用地形的基本思想。这是孙武对前人和当时实战经验的总结,对行军作战有一定的指导意义。

孙武很重视"相敌",他要求对敌情必须进行周密细致的观察,而且要善于对各种征候作出正确判断。他从实际经验中概括出一些如何判断敌情的方法,例如,"敌近而静者,恃其险也","远而挑战者,欲人之进也","辞卑而益备者,进也","辞强而进驱者,退也"等等,这些方法,虽古老而简单,但含有透过现象判明敌军企图的唯物辩证的因素。

孙武在论述"处军相敌"之后,提出了打仗并非兵力愈多愈好,关键在于将帅能否准确地判明敌情,集中使用兵力的问题。他说:"兵非益多也,惟无武进,足以并力、料敌、取人而已。"并指出如果将帅没有深谋远虑,轻敌冒进,军队数量再多,也定会为敌军所败。这些思想是积极的、有价值的,至今仍有其生命力。

本篇中,孙武还简略地论述了治军方面的一些问题,提出了"令之以文,齐之以武"的治军原则,并要求赏罚要适时适度等等。这些是孙武治军思想的一个重要方面。

地　形　篇

本篇主要论述军队在不同地形条件下的行动原则，强调将帅要重视对地形的研究和利用。

孙子曰：地形①有通者，有挂者，有支者，有隘者，有险者，有远者。我可以往，彼可以来，曰通；通形②者，先居高阳，利粮道，以战则利。可以往，难以返，曰挂；挂形③者，敌无备，出而胜之；敌若有备，出而不胜，难以返，不利。我出而不利，彼出而不利，曰支；支形④者，敌虽利我，我无出也；引而去之⑤，令敌半出而击之，利。隘形⑥者，我先居之，必盈之⑦以待敌；若敌先居之，盈而勿从，不盈而从之。险形⑧者，我先居之，必居高阳以待敌；若敌先居之，引而去之，勿从也。远形⑨者，势均，难以挑战，战而不利。凡此六者，地之道⑩也；将之至任，不可不察也。

注　释

① 地形：这里指地理形势。

②　通形:指地形平坦,四通八达,我可以去,敌人也可以来的地形。

③　挂形:指地形复杂,易进难退的地形。

④　支形:指敌对双方据险对峙,谁先出战就对谁不利的地形。

⑤　引而去之:这里指率领部队伪装退去。引,引导、率领。

⑥　隘(ài 爱)形:指两山之间狭窄的通谷。

⑦　盈之:要用足够的兵力堵守隘口。盈,满、堵的意思。

⑧　险形:形势险要的地形。

⑨　远形:指敌我相距很远。

⑩　地之道:关于利用地形的原则。

大　意

　　地形有"通"、"挂"、"支"、"隘"、"险"、"远"等六类。凡是我可以去、敌人可以来的,叫作"通";在"通形"地区,要抢先占据地势高而向阳的地方,并保持粮道畅通,这样与敌交战就有利。凡是可以去、而不易返回的地方,叫作"挂";在"挂形"地区,敌军如无防备,就要出击战胜它;如果敌有防备我出击不能取胜,就难以返回,于我不利。凡是我出击不利、敌出击也不利的地方,叫作"支";在"支形"地区,敌人虽然以利诱我,也不要出击;最好是带领部队假装离去,诱使敌军前出一半时,我突然发起攻击,这样有利。在"隘形"地区,我若先敌占据,就要用重兵堵塞隘口,等待敌人来攻;如果敌军已先我占据隘口,并以重兵据守,那就不要进击,若敌人没有用重兵据守隘口,就迅速攻取它。在"险形"地区,如我先敌占领,要占据地势高而向阳的地方待击敌人;如果敌人已先占领,那就主动撤退，不要进攻它。在"远形"地区，双方势均力敌，不宜挑战，勉强求战，于我不利。以上六点，是关于利用地形的原则；这是将帅的重要责任，是不可不认真考虑研究的。

　　故兵①有走者，有弛者，有陷者，有崩者，有乱者，有北者。凡此六者，非天之灾，将之过也。夫势均，以一击十，曰走②。卒强吏弱，曰弛③。吏强卒弱，曰陷④。大吏怒而不服⑤，遇敌怼⑥而自战，将不知其能，曰崩。将弱不严，教道⑦不明，吏卒无常⑧，陈兵纵横⑨，曰乱。将不能料敌，以少合众，以弱击强，兵无选锋⑩，曰北。凡此六者，败之道也；将之至任，不可不察也。

注　释

　　①　兵：这里指败兵，即军队作战失败的情况。

　　②　势均，以一击十，曰走：指敌我条件相当，如以一击十，因而失败的，叫作"走"。

　　③　卒强吏弱，曰弛：指士卒强悍，但将吏懦弱，不能统帅约束，致使军政废弛，因而失败的，叫作"弛"。

　　④　吏强卒弱，曰陷：指将吏本领高强，但士卒怯弱，缺乏训练，因而失败的，叫作"陷"。

　　⑤　大吏怒而不服：指小将（部将）怨怒，不服从指挥。曹操注："大吏，小将也。"

　　⑥　怼（duì 队）：怨恨，这里含有意气用事的意思。

　　⑦　教道：指对部下的训练、教育。

　　⑧　吏卒无常：指下级将领和士卒无所遵循。常，常法、法纪。

⑨　陈兵纵横:指列队布阵,杂乱无章。陈,同"阵"。

⑩　选锋:挑选勇敢善战的士卒组成的精锐部队。《尉缭子·战威》:"武士不选,则众不强。"

大　意

　　军队失败的情况有"走"、"弛"、"陷"、"崩"、"乱"、"北"等六种。这六种,都不是由于天灾造成的,而是由于将帅的过失所致。在敌我条件相当的情况下,如果攻击十倍于我的敌人,因而失败的,叫作"走"。士卒强悍,将吏懦弱,因而失败的,叫作"弛"。将吏本领高强,士卒怯弱,因而失败的,叫作"陷"。部将怨怒而不服从指挥,遇到敌人忿然擅自出战,主将又不了解他的能力而加以控制,因而失败的,叫作"崩"。主将软弱而又缺乏威严,训练教育不明,吏卒无所遵循,布阵杂乱无章,因而失败的,叫作"乱"。主将不能正确判断敌情,以少击多,以弱击强,又没有精锐部队为骨干,因而失败的,叫作"北"。以上六种情况,必然导致军队的失败;这是将帅的重大责任,是不可不认真考虑研究的。

　　夫地形者,兵之助也。料敌制胜,计险阨①远近,上将②之道也。知此而用战者必胜,不知此而用战者必败。故战道③必胜,主曰无战,必战可也;战道不胜,主曰必战,无战可也。故进不求名,退不避罪,唯人是保④,而利合于主⑤,国之宝也。

注　释

　① 险阨:指地势的险易情况。阨(è 厄),通"厄",险要之处。
　② 上将:这里指主将。
　③ 战道:指战场实情。
　④ 唯人是保:为了民众和士卒得以保全。人,指民众和士卒。
　⑤ 利合于主:即符合于国君的利益。主,国君。

大　意

　　地形是用兵的辅助条件。正确判明敌情,制定取胜计划,研究地形的险易,计算道路的远近,这些都是将帅必须做到的。懂得这些并能用来指导作战的就必然胜利,不懂得这些,因而不能用来指导作战的就必然失败。所以,如果根据战场实情确有必胜把握,即使国君命令不要打,也可以坚决地打;如果根据战场实情不能取胜,即使国君命令打,也可以不打。作为一个将帅,应该进不贪求战胜的功名,退不回避违抗君命的罪责,只求使民众和士卒得以保全,符合于国君的根本利益,这样的将帅才算是国家最宝贵的人才。

　　视卒如婴儿,故可与之赴深谿;视卒如爱子,故可与之俱死。厚而不能使①,爱而不能令②,乱而不能治,譬若骄子,不可用也。

注　释

　① 厚而不能使:指对士卒只注重厚养而不能使用。厚,厚养、优待。

②　爱而不能令：指对士卒一味溺爱而不能令使。爱，溺爱；令，令使、使用。

大　意

　　将帅对士卒能像对待婴儿一样体贴，士卒就可以跟随将帅赴汤蹈火；将帅对士卒能像对待自己的"爱子"一样，士卒就可以与将帅同生共死。但是，对士卒如果过分厚养而不能使用，一味溺爱而不能令使，违犯了纪律也不能严肃处理，这样的军队，就好比"骄子"一样，是不能用来打仗的。

　　知吾卒之可以击，而不知敌之不可击，胜之半也；知敌之可击，而不知吾卒之不可以击，胜之半也；知敌之可击，知吾卒之可以击，而不知地形之不可以战，胜之半也。故知兵者①，动而不迷②，举而不穷③。故曰：知彼知己，胜乃不殆；知天知地，胜乃不穷④。

注　释

①　知兵者：指真正懂得用兵的将帅。
②　动而不迷：行动起来不迷惑，含有不盲动的意思。
③　举而不穷：所采取的措施变化无穷，使敌难以捉摸。举，措施。
④　胜乃不穷：《武经七书》此句为"胜乃可全"。

大　意

　　只了解我军能打，而不了解敌军不可打，取胜的可能性只有一半;只了解敌军可以打,而不了解我军不能打,取胜的可能性也只有一半;了解敌军可以打,也了解我军能打,而不了解地形条件不可以打,取胜的把握仍然只有一半。所以,真正懂得用兵的将帅,他行动起来,目的明确而不迷误,他所采取的措施变化无穷而不呆板。所以说:了解敌方,了解我方,就能必胜不败,了解天时,了解地利,胜利就不可穷尽了。

简　评

本篇论述了利用地形的重要性以及军队在各种地形条件下的行动原则。孙武从不同角度说明了地形与作战有着密切的关系,强调将帅要重视对地形的研究。他说:"地形者,兵之助也。"又说:"知彼知己,胜乃不殆;知天知地,胜乃不穷。"这些论述,概括了指导战争的普遍原则,有其重要价值。

孙武还论述了军队由于将帅指挥失当而常常导致失败的六种情况,并指出招致这些失败的原因,"非天之灾",而是"将之过也"。因此他强调将帅要深刻认识自己在战争过程中的重大责任,一切要以争取战争胜利为目的,只要合于国君和本阶级的根本利益,就要"进不求名,退不避罪",机断地行动。

孙武在本篇中还提出了"视卒如爱子"的观点。这种思想,反映了新兴地主阶级在反对奴隶主阶级的过程中,不能不借助于民众力量的要求。尽管孙武这样强调的目的仅仅在于使士卒"与之赴深谿","与之俱死",也就是为新兴地主阶级去拼死,但与奴隶主阶级肆意虐待士卒的情况比较起来,无疑是一个进步。另外,孙武在提出"视卒如爱子"的同时,还特别强调对士卒必须严格要求,不可过分地"厚"、"爱",以免把军队培养成"骄子"一般而不能打仗。提倡"爱"与"严"、"赏"与"罚"相结合,这也是孙武等古代著名军事家治军思想的一个共同特点。

九 地 篇

本篇主要论述在九种不同作战地区的用兵原则,并阐述了"兵之情主速"、"并敌一向,千里杀将"等问题。

孙子曰:用兵之法,有散地,有轻地,有争地,有交地,有衢地,有重地,有圮地,有围地,有死地。诸侯自战其地,为散地①。入人之地而不深者,为轻地②。我得则利,彼得亦利者,为争地③。我可以往,彼可以来者,为交地④。诸侯之地三属⑤,先至而得天下之众者,为衢地。入人之地深,背城邑多者,为重地⑥。行山林、险阻、沮泽,凡难行之道者,为圮地。所由入者隘,所从归者迂,彼寡可以击吾之众者,为围地。疾战则存,不疾战则亡者,为死地。是故散地则无战,轻地则无止⑦,争地则无攻⑧,交地则无绝⑨,衢地则合交⑩,重地则掠⑪,圮地则行,围地则谋,死地则战⑫。

注 释

① 散地:指诸侯在自己的领地内与敌作战,其士卒在危急时很容易逃

散,故称"散地"。

② 轻地:指军队在进入敌境不深的地区作战,士卒离本土不远,危急时易于轻返,故称"轻地"。

③ 争地:谁先占领谁就有利的必争之要地。

④ 交地:地势平坦,道路交错,交通方便的地区。

⑤ 三属:指敌我和其他诸侯国连接的地区。属(zhǔ 主),连接。

⑥ 重地:指入敌境已深,越过很多敌国城邑的地区。

⑦ 无止:不要停留。止,停留。

⑧ 争地则无攻:双方必争的要害地区,应先敌占领,若敌人已先占领,则不宜强攻。例如,公元前 270 年,秦攻赵,围阏与(今山西和顺县西北),赵王派赵奢为将救援。赵奢采纳了其部下许历"先据北山者胜,后至者败"的建议,派兵万人抢先占据了该山,秦军后至,攻山不得,赵奢乘机发起反击,秦军败退,遂解阏与之围。

⑨ 无绝:指在"交地",军队各部之间应保持联系,互相支援,不可断绝,以防敌人截击。绝,断绝。

⑩ 合交:指结交邻国。

⑪ 重地则掠:指深入敌方腹地,后方接济困难,必须"因粮于敌",就地解决军队的补给问题。掠,夺取。

⑫ 死地则战:处于"疾战则存,不疾战则亡"的"死地",就应激励士卒殊死战斗,死中求生。

大　意

根据用兵原则,战地可分为散地、轻地、争地、交地、衢地、重地、圮地、围地、死地等九类。诸侯在自己的领地上与敌作战,这样的地区叫作"散地";进入敌境不深的地区,叫作"轻地";我先占领对我有利,敌先占领对敌有利的地区,叫作"争地";我军可以去,敌军可以来的地区,叫作"交地";敌我和其他诸侯国接壤的地区,先到就可以结交诸侯国并取得多数支援的,叫作"衢地";深入敌境,越过许多敌人城邑的地区,叫作"重地";山林、险阻、沼泽等道路难行的地区,叫作"圮地";进入的道路狭隘,退出的道路迂远,敌人以少数兵力能击败我众多兵力的地区,叫作"围地";迅速奋战则能生存,不迅速奋战就会被消灭的地区,叫作"死地"。因此,在"散地"不宜作战;在"轻地"不可停留;遇"争地"应先敌占领,如敌人已先占领,不可强攻;在"交地"则各部要互相连接,防敌阻绝;在"衢地"则应结交邻国;在"重地"则应夺取物资,就地补给;在"圮地"则应迅速通过;在"围地"则应巧设奇谋;在"死地"要迅猛奋战,死中求生。

所谓古之善用兵者,能使敌人前后不相及,众寡不相恃①,贵贱②不相救,上下不相收③,卒离而不集,兵合而不齐。合于利而动,不合于利而止。敢问:"敌众整而将来,待之若何?"曰:"先夺其所爱,则听矣④。"兵之情主速⑤,乘人之不及,由不虞之道⑥,攻其所不戒也。

注　释

　　①　众寡不相恃:指大部队与小部队之间不能互相依靠和协同。

　　②　贵贱:这里指剥削阶级军队的官兵。

　　③　上下不相收:指部队建制被打乱,上下失去联系,不能收拢。收,聚集、收拢。

　　④　先夺其所爱,则听矣:指首先攻取敌人所必救的要害之处,敌人就会

被迫听任我的摆布了。爱,指敌人最关注、最重要的地方。

⑤　兵之情主速:"兵贵神速"的意思。例如,公元621年,唐高祖李渊派兵攻打割据江陵、自称梁帝的肖铣。赵郡王孝恭和李靖率兵自夔州(今四川奉节)顺流东下。这时三峡江水正涨,诸将要求水落以后再进军。李靖说:兵贵神速,若乘水涨,突然抵其城下,使敌人措手不及,必然为我所擒。唐军随以战船二千余艘迅即出发,一举夺取了荆门(今湖北宜都西北)、宜都,最后肖铣被迫投降。

⑥　由不虞之道:虞,预料。这句是说,要走敌人不易料到的道路。例如,公元263年,魏将钟会、邓艾攻蜀,蜀将姜维战败,退守剑阁(在今四川剑阁县东北)。钟会攻剑阁不克,邓艾率军从甘肃、四川间的阴平抄小路绕过剑阁,行经荒无人烟的山地七百余里,凿山开路,架设便桥,攀缘山崖树木,出敌不意地突然到达江油(在今四川江油县东),迫使蜀将马邈投降。然后,魏军迅速挺进蜀都成都,灭了蜀国。

大　意

　　所谓古时善于用兵的人,能使敌人前后无法相顾及,大部队与小部队无法相依恃,官兵无法相救援,上下隔断,无法收拢,士卒溃散,无法聚集,即使聚集也很不整齐。坚持有利就行动,不利就停止的原则。试问:"如果敌军众多而且阵势齐整地向我进攻,该如何对待呢?"回答是:"先夺取敌人的要害之处,这样,敌人就会被迫听任我的摆布了。"用兵之理,贵在神速,乘敌人措手不及的时机,走敌人意料不到的道路,攻击敌人不加戒备的地方。

　　凡为客之道①,深入则专②,主人不克③;掠于饶野,三军足食;谨养而勿劳,并气积力④;运兵计谋,为不可测。

投之无所往⑤,死且不北,死焉不得⑥,士人尽力。兵士甚陷则不惧,无所往则固⑦,深入则拘⑧,不得已则斗。是故其兵不修而戒⑨,不求而得,不约而亲,不令而信⑩。禁祥去疑⑪,至死无所之。吾士无余财,非恶货也;无余命,非恶寿⑫也。令发之日,士卒坐者涕沾襟⑬,偃卧者涕交颐⑭。投之无所往者,诸刿⑮之勇也。

注 释

①　为客之道:指进入敌境作战的原则。客,客军,即离开本国进入别国作战的军队。

②　专:专心一意,指深入敌国"重地",士卒无法逃散,只好死战。

③　主人不克:指被进攻的一方无法战胜进攻者。主人,指被进攻的一方;克,战胜。

④　并气积力:提高士气,积蓄力量。

⑤　投之无所往:把部队投置于无路可走的绝境。投,投放、投置。

⑥　死焉不得:指士卒死都不怕了,那还有什么不可得呢?

⑦　固:牢固,这里指军心稳定。

⑧　拘:束缚,这里指人心专一而不涣散。

⑨　不修而戒:指不待整治督促,就知道加强戒备。修,整治。

⑩　不令而信:不待申令就能信守纪律。信,信守、服从。

⑪　禁祥去疑:禁止迷信活动,消除疑虑和谣言。祥,妖祥,这里指占卜等迷信活动。

⑫　无余命,非恶寿:指士卒不怕死,并不是不想活下去。恶,厌恶;寿,寿命。

⑬　涕沾襟:眼泪沾湿了衣襟。涕,眼泪;襟,衣襟。

⑭　偃卧者涕交颐:躺着的则泪流面颊。偃,仰倒;颐,面颊。

⑮　诸刿:诸,专诸,春秋时吴国的勇士。公元前515年,吴公子光(即阖

庐)要杀吴王僚而自立,设宴招待僚,专诸用藏于鱼腹的剑刺死僚,自己也当
场被杀。刿(guì 贵),曹刿,又名曹沫,春秋时鲁国武士。相传鲁君与齐君在
柯(今山东东阿)相会,曹刿持剑相从,挟持齐君订立盟约,收回失地。

大　意

　　大凡进入敌国作战的原则:深入敌境则军心专一,敌
军无法胜我;在富饶地区夺取粮秣,保障三军得到充足的
给养;注意休养士卒,勿使疲劳,提高士气,积蓄力量;合
理用兵,巧设计谋,使敌人无法察知。把部队置于无路可
走的境地,死也不会败退;既然士卒死都不怕,就会尽力
作战了。士卒深陷危地,就无所畏惧;无路可走,军心就
能稳固;深入敌国就不易涣散;迫不得已就会拼死战斗。
因此,这样的军队不待整治就能加强戒备,不待要求就能
完成任务,不待约束就能亲近相助,不待申令就能信守纪
律。禁止迷信,消除谣言,即使战死也不退避。我军士卒
毁弃多余的财物,并不是厌恶财物;不怕牺牲生命,并不
是不想活。当作战命令颁发的时候,士卒们坐着的泪水
沾湿了衣襟,躺着的则泪流面颊。把军队置于无路可走
的绝境,就会像专诸、曹刿那样勇敢了。

　　故善用兵者,譬如率然①;率然者,常山②之蛇也。击
其首则尾至,击其尾则首至,击其中则首尾俱至。敢问:
"兵可使如率然乎?"曰:"可。"夫吴人与越人相恶也,当其
同舟而济③,遇风,其相救也如左右手。是故方马埋轮,未

足恃也④；齐勇若一，政之道也⑤；刚柔皆得，地之理也⑥。故善用兵者，携手若使一人⑦，不得已也。

注　释

①　率然：古代传说中的一种蛇。《神异经·西荒经》："西方山中有蛇，头尾差大，有色五彩。人物触之者，中头则尾至，中尾则头至，中腰则头尾并至，名曰率然。"

②　常山：即恒山。汉简《孙子兵法》中作"恒山"。恒山在今山西浑源南，是五岳中的北岳。西汉时为避讳汉文帝刘恒的"恒"字，改为"常山"。北周武帝时，又改称恒山。

③　同舟而济：同船渡河。济，渡。

④　方马埋轮，未足恃也：把马并排地系在一起，把车轮埋起来，想以此来稳定军队，是靠不住的。方，并列，指系在一起的意思。

⑤　齐勇若一，政之道也：要使士卒整齐一致，奋勇杀敌，就要靠组织指挥得法。政，正，这里是指治理、统率的意思。

⑥　刚柔皆得，地之理也：强者和弱者都能各尽其力，在于恰当地利用地形。刚柔，强弱。

⑦　携手若使一人：提挈三军，就像使用一人那样容易。携手，提挈。

大　意

所以，善于用兵打仗的人，就像"率然"一样。所谓"率然"，乃是常山的一种蛇，打它的头，尾巴就来救应，打它的尾，头就来救应，打它的中部，头尾都来救应。试问："军队可以使它像率然一样吗？"回答是："可以。"吴国人与越国人虽然互相仇视，可是，当他们同船渡河时，如遇大风，也能互相救援，犹如左右手一样。因此，想用系住马匹、埋起车轮的办法来稳定军队,那是靠不住的。要使全军齐心奋勇,在于组织指挥得法;要使强弱都能各尽其力,在于恰当地利用地形。所以,善于用兵的人,提挈三军就像使用一人那样容易,这是由于把士卒置于不得已的境地而造成的。

　　将军之事,静以幽①,正以治②。能愚士卒之耳目,使之无知。易其事,革其谋③,使人无识;易其居,迁其途,使人不得虑。帅与之期④,如登高而去其梯。帅与之深入诸侯之地,而发其机⑤,焚舟破釜⑥,若驱群羊,驱而往,驱而来,莫知所之。聚三军之众,投之于险,此谓将军之事也。九地之变,屈伸之利⑦,人情之理,不可不察。

注 释

　　① 静以幽:沉着冷静而幽深莫测的意思。静,沉静;幽,幽深。
　　② 正以治:要严正到足以使部队治而不乱。正,严正;治,不乱。
　　③ 易其事,革其谋:改变正在做的事情,变更既定的计谋。易,改变;革,变更。
　　④ 帅与之期:将帅赋予军队任务。之,代词,指军队。
　　⑤ 发其机:击发弩机,矢箭飞出,一往直前。机,弩机。
　　⑥ 焚舟破釜:即破釜沉舟,决一死战的意思。釜(fǔ 斧),锅。
　　⑦ 屈伸之利:根据情况,该屈则屈,该伸则伸,这样最为有利。伸,伸展;屈,曲、不伸展。

大 意

　　统率军队这种事情,要沉着冷静,幽深莫测,严肃认

真而有条不紊。能蒙蔽士卒的耳目，使他们对军事计划
毫无所知；改变任务，变更计谋，使人们不能识破；驻军常
改变驻地，进军迂回绕道，使人们无法推断行动意图。将
帅赋予军队任务，要像登高而抽去梯子一样，使他们有进
无退。率领军队深入诸侯国土，要像击发弩机射出箭一
样，使其一往直前。烧掉船只，砸烂军锅，表示必死决心，
像驱赶羊群一样，赶过去，赶过来，使他们不知道到底要
到哪里去。聚集全军士卒，投置于危险的境地，使他们拼
死奋战，这便是将军的责任。根据不同地区采取不同的
行动方针，适应情况，伸缩进退，掌握士卒在不同情况下
的心理状态。这些，都是不能不认真考察和仔细研究的。

　　凡为客之道，深则专，浅则散。去国越境而师者，绝
地也①；四达者，衢地也；入深者，重地也；入浅者，轻地也；
背固前隘②者，围地也；无所往者，死地也。是故散地，吾
将一其志；轻地，吾将使之属③；争地，吾将趋其后④；交
地，吾将谨其守；衢地，吾将固其结⑤；重地，吾将继其食；
圮地，吾将进其塗⑥；围地，吾将塞其阙⑦；死地，吾将示之
以不活。故兵之情，围则御，不得已则斗，过则从⑧。

注　释

　　①　去国越境而师者，绝地也：旧注认为，离开本国，跨越邻国，进入敌国
作战的地区，叫作"绝地"；另说，"轻地"和"散地"之间为"绝地"。两说均不甚
合理，且九地中无"绝地"，姑暂从前一说。

②　背固前隘：指背后地势险要，前面道路狭隘，进退受敌控制的地区。

③　使之属(zhǔ 主)：使自己的部队部署相互连接。属，连接。

④　趋其后：指迅速前出到争地的后面。

⑤　固其结：巩固与诸侯国的结盟。结，指结交诸侯。

⑥　进其涂：迅速通过的意思。涂，同"途"。

⑦　塞其阙：堵塞缺口，使士卒不得不拼死作战。阙(quē 缺)，缺口。

⑧　过则从：指士卒陷入危险的境地，就会听从指挥。过，指深陷危境的意思。

大　意

　　大凡出国作战的原则，进入敌境越深，士卒就越专心一致，进入得浅，士卒就容易逃散。离开本国，越过邻国进入敌国作战的地区，叫作"绝地"；四通八达的地区叫"衢地"；进入敌境深的地区叫"重地"；进入敌境浅的地区叫"轻地"；后险前狭的地区叫"围地"；无处可走的地区叫"死地"。因此，在"散地"，我就要统一意志；在"轻地"，我就要使部队相连接；遇"争地"，我就要迅速前出到它的后面；在"交地"，我就要谨慎防守；在"衢地"，我就要巩固与诸侯国的结盟；在"重地"，我就要保证军队食粮的不断供应；在"圮地"，我就要迅速通过；在"围地"，我就要堵塞缺口；在"死地"，我就要表示必死的决心。士卒的心理状态，被包围就会协力抵御，迫不得已就会拼死战斗，陷于危险的境地，就会听从指挥。

　　是故不知诸侯之谋者，不能预交①；不知山林、险阻、沮泽之形者,不能行军;不用乡导者,不能得地利。四五者,不知一,非霸王之兵②也。夫霸王之兵,伐大国,则其众不得聚③;威加于敌,则其交不得合。是故不争天下之交④,不养天下之权⑤,信己之私⑥,威加于敌,故其城可拔,其国可隳⑦。施无法之赏⑧,悬无政之令⑨;犯⑩三军之众,若使一人。犯之以事,勿告以言⑪,犯之以利,勿告以害⑫。投之亡地然后存,陷之死地然后生⑬。夫众陷于害,然后能为胜败。故为兵之事,在于顺详敌之意⑭,并敌一向⑮,千里杀将,此谓巧能成事者也。

注 释

①　预交:与诸侯结交。预,通"与"。

②　四五者,不知一,非霸王之兵:九地的利害,有一不知,就不是霸王的军队。四五者,曹操注:"谓九地之利害。"霸王,即霸主,所谓诸侯之长。《史记·越王句践世家》:"越兵横行于江、淮,东诸侯毕贺,号称霸王。"

③　其众不得聚:指能使敌国军民来不及调动和集结。

④　不争天下之交:指不必争着和别的国家结交。

⑤　不养天下之权:指不必要在别的国家培植自己的权势。

⑥　信己之私:依靠自己的力量,不必求助于他国。信,信从,这里指依靠;私,指自己的力量。

⑦　隳(huī 灰):通"毁",毁灭的意思。

⑧　施无法之赏:施行超出惯例的奖赏,即所谓法外之赏。

⑨　悬无政之令:颁发打破常规的号令,即所谓政外之令。悬,悬挂,这里指颁发。

⑩　犯:这里指驱使和使用的意思。

⑪　犯之以事,勿告以言:只驱使士卒做事情,而不告诉他们这样做的意图。

⑫　犯之以利,勿告以害:驱使士卒完成某项任务时,只告诉他们有利的一面,而不告诉其危险的一面。

⑬　投之亡地然后存,陷之死地然后生:指把士卒投入危亡之地,然后可以保存;使士卒陷入死绝之地,然后可以得生。

⑭　顺详敌之意:假装顺从敌人的意图。详,通"佯"。曹操注:"彼欲进,设伏而退;欲去,开而击之。"

⑮　并敌一向:集中兵力指向敌人的一点。

大 意

不了解列国诸侯计谋的,不能与他们结交;不熟悉山林、险阻、沼泽等地形的,不能行军;不使用向导的,不能得地利。对于"九地"的利害,有一样不了解,就不能算是"霸王"的军队。"霸王"的军队,攻伐大国,可使其军民来不及集聚;威力加于敌国,可使其无法与别国结交。因此,不必争着和别的诸侯国结交,也不必在别的诸侯国培植自己的权势,只要依靠自己的力量,把威力加之于敌,就可以拔取其城邑,毁灭其国家。施行超出惯例的奖赏,颁发打破常规的号令;指挥全军之众如同使唤一个人一样。令使士卒执行任务,而不告诉他们意图,只告知他们有利的一面,而不告诉他们有什么危害。把士卒投入危地才能保存,使士卒陷入"死地"然后才能得生。士卒陷于危险的境地,然后才能力争胜利。所以,指挥作战,在于假装顺从敌人意图,一旦有机可乘,便集中兵力指向敌人一点,这样,即使长驱千里,也可擒杀敌将,这就是所谓巧妙能成大事的意思。

是故政举之日①,夷关折符②,无通其使③,厉于廊庙之上④,以诛⑤其事。敌人开阖⑥,必亟入之。先其所爱,微与之期⑦。践墨随敌⑧,以决战事⑨。是故始如处女,敌人开户⑩,后如脱兔⑪,敌不及拒。

注 释

① 政举之日:指决定战争行动的时候,即战争前夕。

② 夷关折符:即封锁关口,废除通行凭证。符,古时用木、竹、铜等做成的牌子,上刻图文,分为两半,各执一半,作为凭证。

③ 无通其使:不与敌国的使节来往。使,使节。

④ 厉于廊庙之上:在庙堂上反复计议作战大事。厉,磨励,这里是反复计议的意思;廊庙,即庙堂。

⑤ 诛:治,这里引申为研究决定的意思。

⑥ 敌人开阖:指敌人有隙可乘。阖(hé 合),门扇。

⑦ 微与之期:即不与敌人约期交战。微,这里作"无"字讲;期,指约期交战。

⑧ 践墨随敌:指实施计划时,要随着敌情的变化而不断加以改变。践,实行;墨,墨线,这里指既定计划。

⑨ 以决战事:以解决战争胜负问题,即求得战争的胜利。

⑩ 开户:开门,这里指放松戒备的意思。

⑪ 脱兔:脱逃了的兔子,比喻行动非常迅速的意思。

大 意

因此当决定战争行动的时候,就要封锁关口,废除通行凭证,停止与敌国的使节往来,在廊庙上反复计议,研究决定作战大计。一旦发现敌人有隙可乘,就要迅速乘机而入。首先要夺取敌人最关紧要的地方,而不要同敌人约期交战。实施计划要随着敌情的变化而不断加以改变,以求战争的胜利。所以,开始要像处女一样沉静,使敌人放松戒备,然后像脱兔一样迅速行动,使敌人来不及抗拒。

简　评

孙武在本篇中,根据战场位置及其对作战的影响不同,把战地分为九类,并相应地提出了不同地区的不同作战原则和处置方法,反映了新兴地主阶级朴素唯物的作战指导思想。

孙武从新兴地主阶级迅速发展封建势力的强烈要求出发,主张进行兼并战争,即所谓"伐大国",客观上是顺应当时趋向统一的历史潮流的。孙武在本篇中提出的"兵之情主速,乘人之不及,由不虞之道,攻其所不戒"以及"并敌一向,千里杀将"等作战指导思想,都是对当时作战经验的较好概括。

孙武认为,深入敌国作战有很多好处,主要是:深入敌国之后,士兵能听从指挥,不易逃散,即所谓"为客之道,深则专,浅则散";深入敌国之后,可以就地解决军队的给养问题,即所谓"掠于饶野,三军足食";他认为士兵深陷危地,就可无所畏惧,拼死作战,即所谓"士兵甚陷则不惧","不得已则斗","投之无所往,死且不北"。根据这些理由,孙武得出结论说:将军的任务就是"聚三军之众,投之于险"。显然,这是他的剥削阶级思想的突出表现。

新兴地主阶级,作为一个剥削阶级,它与民众之间存在着不可调和的矛盾,因而在其军队内部,也存在着根本的利害冲突。将帅由于害怕士卒逃散,不敢在本国境内作战,也不敢在"入人之地不深"的"轻地"作战,而主张到深入敌国腹地的"重地"去作战;为了驱使士卒为其拼死,他们极力主张采用"投之亡地然后存,陷之死地然后生"、"登高而去其梯"等手段;实行愚兵政策,诸如"能愚士卒之耳目,使之无知","犯之以利,勿告以害"等等,这些,都是必须剔除的封建性的糟粕。

火 攻 篇

本篇主要论述火攻的种类、条件和实施方法,同时提出了"主不可以怒而兴师,将不可以愠而致战"的慎战思想。

孙子曰:凡火攻有五:一曰火人①,二曰火积,三曰火辎②,四曰火库,五曰火队③。行火必有因④,烟火必素具⑤。发火有时,起火有日。时者,天之燥也;日者,月在箕、壁、翼、轸也,凡此四宿⑥者,风起之日也。

注 释

① 火人:火,焚烧。火人,指焚烧敌军人马。例如,公元208年,赤壁(今湖北蒲圻西北)之战时,曹操率军数十万渡江南下,孙刘联军抵御。都督周瑜率三万人与曹军战于赤壁,而后两军隔江对峙。周瑜部将黄盖建议:敌众我寡,难与持久,曹军战船相连,可以放火烧它。于是周瑜命黄盖送信给曹操诈称投降,并事先约定时间。当时正是东南风刮得很急,黄盖率满载油脂和柴草的火船扬帆向曹营进发,等到离曹军只有二里多路时,各船同时发火,顺风驶去,烧毁曹军船舰,并蔓延到岸上的曹军营寨,周瑜等率精锐部队乘机急攻,大败曹军。

②　火辎:焚烧敌人辎重。例如,公元200年,曹操军与袁绍军主力在官渡相持,曹操获悉袁绍在故市、乌巢屯有辎重车一万多辆,且戒备不严,便率精兵五千人,冒充袁军,星夜赶至乌巢,放火围攻,焚烧了全部辎重粮食,大破袁绍守军。官渡前线袁军听说粮秣被烧,军心动摇,内部分裂。曹军乘势出击,大败袁军,取得了官渡之战的胜利。

③　火队:指焚烧敌人运输设施。队(suì 岁),通"隧",道路的意思,这里是指运输设施。

④　行火必有因:指在实施火攻时,必须具备一定的条件,如天气干燥,顺风,有易燃物,或有内应等。因,条件。

⑤　烟火必素具:发火器材必须经常准备好。烟火,指发火器材;素具,经常有准备。

⑥　四宿:指廿八宿中箕、壁、翼、轸四个星宿。古代天文学者认为月亮运行到这四个星宿位置时多风。现在看来,这是没有科学根据的。

大　意

火攻有五种:一是焚烧敌军的人马,二是焚烧敌军的粮草积聚,三是焚烧敌军的辎重,四是焚烧敌军的仓库,五是焚烧敌军的运输设施。实施火攻必须具备一定的条件,发火器材必须经常准备好。发火还要选择有利的时候,起火要选准有利的日期。所谓有利的时候,指的是天气干燥;所谓有利的日期,指月亮运行到"箕"、"壁"、"翼"、"轸"四个星宿的位置,凡是月亮运行到这四个星宿位置时,就是起风的日子。

凡火攻,必因五火之变而应之①。火发于内,则早应之于外。火发兵静者,待而勿攻,极其火力②,可从③而从之,不可从而止。火可发于外,无待于内,以时发之。火发上风,无攻下风。昼风久,夜风止。凡军必知有五火之变,以数守之④。

注　释

①　必因五火之变而应之:必须根据五种火攻所引起的情况变化,适时地运用兵力策应。五火,即五种火攻的方法;应,策应。

②　极其火力:让火势烧到最旺的时候。

③　从:跟从,这里指进攻。

④　以数守之:等候具备火攻的条件。数,指前面所说的"发火有时,起火有日"等火攻条件。

大　意

凡是火攻,必须根据上述五种火攻所造成的情况变化,适时地运用兵力加以策应。从敌人内部放火,就要及早派兵从外面策应。火已烧起,而敌军仍能保持镇静的,要观察等待,不要马上进攻,等火势烧到最旺的时候,视情况可以进攻就进攻,不可以进攻就停止。火也可以从外面放,那就不必等待内应,只要时机和条件成熟就可以放火。火发于上风,不可从下风进攻。白天风刮久了,夜晚风就会停止。军队必须懂得五种火攻方法的变化运用,等候具备条件,然后实施火攻。

故以火佐攻者明①,以水佐攻者强。水可以绝②,不可以夺③。

注　释

① 明：显，指效果显著。

② 绝：断绝、隔绝。

③ 夺：剥夺，这里指焚毁敌人的物资器械。

大　意

　　用火来辅助进攻，效果显著，用水来辅助进攻，威势强大。水可以分割、断绝敌人，但是不如火攻那样可以焚毁敌人的物资器械。

　　夫战胜攻取，而不修其功者凶①，命曰费留②。故曰：明主虑之，良将修之。非利不动，非得不用③，非危不战。主不可以怒而兴师，将不可以愠④而致战。合于利而动，不合于利而止。怒可以复喜，愠可以复悦，亡国不可以复存，死者不可以复生。故明君慎之，良将警之，此安国全军之道也。

注　释

① 不修其功者凶：不能巩固胜利成果是危险的。修，修治，引申为巩固；凶，祸，这里是危险的意思。

② 费留：留，通"流"。费留，白费的意思。曹操注："若水之留（流），不复还也。"另一说：指打了胜仗而不及时论功行赏，叫作费留。

③ 非得不用：不能取胜，就不用兵。得，指得胜、取胜；用，指用兵。

④ 愠（yùn 运）：怨愤、恼怒。

大　意

　　凡打了胜仗,攻取了土地、城池,而不能够巩固胜利,是危险的,这就叫作"费留"。因此明智的国君一定要慎重地考虑这个问题,良好的将帅必须认真处理这个问题。不是对国家有利,就不要采取军事行动,没有取胜的把握,就不要随便用兵,不到危急紧迫之时,就不要轻易开战。国君不可凭一时的恼怒而兴兵打仗,将帅不可凭一时的怨愤而与敌交战。符合国家利益就行动,不符合国家利益就停止。恼怒可以重新欢喜,怨愤可以重新高兴,国亡了就不能再存,人死了就不能再活。所以明智的国君对战争问题一定要慎重,良好的将帅对战争问题一定要警惕,这些都是关系到国家和军队安全的根本道理。

简　评

　　火攻是古代的作战方式之一。孙武专辟一篇,较详细地论述了火攻的种类、条件、实施方法等问题,说明他对火攻是非常重视的。

　　孙武在提出"行火必有因,烟火必素具"等实施火攻的物质条件的同时,特别强调必须具备"发火有时,起火有日"的气象条件。这是在军事上利用火和气象等自然条件的较早记载,也是孙武对道、天、地、将、法等"五事"中天时条件的具体运用。

　　孙武虽然重视火攻,但他把纵火只作为辅助进攻的一种形式,强调要与兵攻密切配合。他说:"以火佐攻者明,以水佐攻者强。"

认识到火攻、水攻虽然有较强的威力，但如不适时地投入兵力，实施进攻，也是不能成功的。所以他明确指出："必因五火之变而应之。"即必须利用纵火所引起的敌情变化，适时地指挥军队发起攻击，以求发展和扩大战果。

　　孙武在本篇中还特别强调国君和将帅对战争要慎重从事，指出"主不可以怒而兴师，将不可以愠而致战"，应切实掌握"合于利而动，不合于利而止"的"安国全军之道"。孙武这一慎战思想，与其"兵者国之大事"、"不可不察"的重视战争的思想是一致的。它警告战争指导者不可凭感情用事，轻率决定战争行动。这种重战、慎战的思想是可贵的，是先秦进步军事思想的重要特点之一。

用 间 篇

本篇主要论述使用间谍的重要性及其方法,并提出了先知敌情"不可取于鬼神","必取于人"的朴素唯物主义观点。

孙子曰:凡兴师十万,出征千里,百姓之费,公家之奉①,日费千金;内外骚动,怠②于道路,不得操事③者,七十万家④。相守⑤数年,以争一日之胜,而爱爵禄百金⑥,不知敌之情者,不仁⑦之至也,非人之将也,非主之佐也,非胜之主⑧也。故明君贤将,所以动而胜人⑨,成功出于众者,先知⑩也。先知者,不可取于鬼神⑪,不可象于事⑫,不可验于度⑬,必取于人,知敌之情者也。

注 释

① 奉:同"俸",这里指费用。

② 怠(dài 代):疲惫、懈怠。

③ 操事:操作农事。

④ 七十万家:指出兵打仗,要有大量的民众承受繁重的徭役、赋税,不

能正常地从事劳动。曹操注:"古者八家为邻,一家从军,七家奉之,言十万之师举,不事耕稼者七十万家。"

⑤　相守:相持。

⑥　爱爵禄百金:指吝啬爵位、俸禄和金钱而不肯重用间谍。爱,吝啬;爵,爵位;禄,俸禄。

⑦　不仁:这里指不顾国家和民众的利益。

⑧　非胜之主:意为不是能打胜仗的好国君。主,国君。

⑨　动而胜人:指一出兵就能战胜敌人。动,举动,这里指出兵。

⑩　先知:指事先知道敌人情况。

⑪　取于鬼神:指用祈祷、祭祀鬼神和占卜等迷信办法去取得。

⑫　象于事:指以过去相似的事物作类比。象,相类。

⑬　验于度:指以日月星辰运行的位置来占卜吉凶祸福。验,应验;度,度数,指星宿的位置。这是古时候的一种迷信。

大　意

凡出兵十万,千里征战,百姓们的耗费,国家的开支,每天要花费千金;举国骚动,民众服徭役,疲惫于道路,不能从事耕作的七十万家。战争双方相持数年,是为了取胜于一旦,如果吝啬爵禄和金钱,不肯重用间谍,以致不能了解敌人情况而遭受失败,那就太"不仁"了。这样的将帅,不是军队的好将帅,不是国君的好助手;这样的国君,不是能打胜仗的好国君。英明的国君,良好的将帅,之所以一出兵就能战胜敌人,而成功超出于众人之上的,其重要原因,在于他事先了解敌情。而要事先了解敌情,不可用迷信鬼神和占卜等方法去取得,不可用过去相似的事情作类比,也不可用观察日月星辰运行位置去占卜,一定要从了解敌情的人那里去获得。

　　故用间有五:有因间①,有内间,有反间,有死间,有生间。五间俱起,莫知其道②,是谓神纪③,人君之宝也。因间者,因其乡人而用之④。内间者,因其官人而用之⑤。反间者,因其敌间而用之⑥。死间者,为诳事于外⑦,令吾间知之,而传于敌间⑧也。生间者,反报也⑨。

注　释

　　①　因间:间谍的一种,即本篇下文所说的"乡间"。

　　②　五间俱起,莫知其道:五种间谍都使用起来,就能使敌人摸不到规律,无从应付。道,途径、规律。

　　③　神纪:神妙莫测之道。纪,道。

　　④　因其乡人而用之:指利用敌国的普通人作间谍。因,凭借、根据,这里引申为利用。

　　⑤　内间者,因其官人而用之:官人,指敌国官吏。这句的意思是,所谓内间,是指收买敌国官吏作间谍。例如,公元前229年,秦将王翦率兵进攻赵国,赵派大将李牧和司马尚进行抵御。李牧善于用兵,过去常常打败秦军。秦军想要把李牧除掉,便用重金收买赵王的宠臣郭开等人,使其散布谣言,说李牧、司马尚图谋反赵。赵王信以为真,便派赵葱和颜聚代替李牧为将,将李牧斩首,并罢了司马尚的官。第二年,王翦知李牧被杀,便进行急袭,大败赵军,俘虏了赵王,灭了赵国。

　　⑥　反间者,因其敌间而用之:所谓反间,就是收买或利用敌方派来的间谍,使其为我所用。

　　⑦　为诳事于外:故意向外散布虚假的情况,假装泄露了机密,以欺骗、迷惑敌人。诳(kuáng 狂),迷惑、欺骗。

　　⑧　令吾间知之,而传于敌间:指让我方间谍了解我所故意泄露的虚假

情况,并传给敌人,使敌人上当。事发之后,我方间谍往往会被处死。有的版本此句为:"令吾间知之,而传于敌也。"

⑨　生间者,反报也:所谓生间,是指到敌方了解情况后能亲自返回报告情况的人。反,同"返"。

大　意

使用间谍有五种:有"因间",有"内间",有"反间",有"死间",有"生间"。五种间谍都使用起来,就能使敌人摸不到规律而无从应付,这就是所谓"神纪",是国君制胜敌人的法宝。所谓"因间",是指利用敌国乡里的普通人做间谍。所谓"内间",是指收买敌国的官吏做间谍。所谓"反间",是指收买或利用敌方派来的间谍为我效力。所谓"死间",是指故意散布虚假情况,让我方间谍知道而传给敌方,敌人上当后往往将其处死。所谓"生间",是指派往敌方侦察后,亲自返回报告敌情的人。

故三军之事,莫亲于间①,赏莫厚于间,事莫密②于间。非圣智③不能用间,非仁义不能使间④,非微妙不能得间之实⑤。微哉! 微哉! 无所不用间也。间事未发,而先闻者,间与所告者皆死。

注　释

①　三军之事,莫亲于间:军队最亲信的人中没有比间谍更为亲信的了。汉简《孙子兵法》、《通典》、《太平御览》皆作"三军之亲,莫亲于间"。

②　密:秘密、机密。

③ 圣智:指才智过人。

④ 非仁义不能使间:这里指不吝啬优厚的爵禄赏赐,并以诚相待;这样,间谍才决心为其效命。

⑤ 非微妙不能得间之实:不是用心精细、手段巧妙的将领,不能取得间谍的真实情报。微妙,精细奥妙,这里指用心精细、手段巧妙;实,指实情。

大　意

所以军队中的亲信,没有比间谍再亲信的了,奖赏没有比间谍更优厚的了,事情没有比用间更机密的了。不是才智过人的将帅不能使用间谍;不是"仁义"的将帅也不能使用间谍;不是用心精细、手段巧妙的将帅不能取得间谍的真实情报。微妙啊!微妙啊!真是无处不可使用间谍呀!用间的计谋尚未施行,就被泄露出去,间谍和他所告诉的人都要处死。

凡军之所欲击,城之所欲攻,人之所欲杀,必先知其守将①、左右②、谒者③、门者④、舍人⑤之姓名,令吾间必索知之。必索敌人之间来间我者,因而利之,导而舍之⑥,故反间可得而用也。因是而知之⑦,故乡间、内间可得而使也。因是而知之,故死间为诳事,可使告敌。因是而知之,故生间可使如期。五间之事,主必知之,知之必在于反间,故反间不可不厚也。

注　释

① 守将:主管将领。

② 左右:指守将身边的亲信。

③ 谒(yè 页)者:指负责传达通报的官员。一说指接待宾客事务的官员。

④ 门者:指负责守门的官吏。

⑤ 舍人:指守将的门客幕僚。

⑥ 导而舍之:设法诱导他,并交给一定的任务,然后放他回去。导,引导、诱导;舍,释放。

⑦ 因是而知之:指从反间那里得知敌人内情的意思。

大　意

　　凡是要攻击的敌军,要攻占的城邑,要击杀的敌方人员,必须预先了解主管将帅及其左右亲信、掌管传达通报的官员、负责守门的官吏以及门客幕僚的姓名,务必命令我方间谍侦察清楚。必须查出敌方派来侦察我方的间谍,以便依据情况进行收买、利用,要经过诱导或交待任务,然后放他回去,这样,反间就可以为我所用了。从反间那里得知敌人情况之后,所以乡间、内间就可得以使用了。因从反间那里得知敌人情况,所以散布给死间的虚假情况就可以传给敌人。因从反间那里得知敌人情况,所以生间就可遵照预定的期限,回来报告敌情。五种间谍使用之事,国君都必须懂得,其中的关键在于会用反间。所以,对反间不可不给予优厚的待遇。

　　昔殷①之兴也,伊挚②在夏③;周④之兴也,吕牙⑤在殷。故惟明君贤将,能以上智⑥为间者,必成大功,此兵之要,三军之所恃而动⑦也。

注　释

①　殷:公元前 17 世纪,商汤灭了夏桀后建立的奴隶制国家,建都亳(今河南商丘县北),历史上叫商代。后来,商王盘庚迁都到殷(今河南安阳小屯村),因而商亦称殷。

②　伊挚:即伊尹,原为夏桀之臣。商汤灭夏时,用他为相,灭了夏桀。

③　夏:夏启所建立的奴隶制王朝,建都安邑(今山西闻喜东南)、阳翟(今河南禹县)等地。传到桀,为商汤所灭。

④　周:公元前 11 世纪,周武王灭商后建立的奴隶制王朝。建都镐京(今陕西西安)。

⑤　吕牙:即姜子牙,俗称姜太公。曾为殷纣王之臣。周武王姬发伐纣时,用吕牙为"师",打败了纣王。

⑥　上智:指具有很高智谋的人。

⑦　所恃而动:指依靠间谍所提供的情报而采取行动。恃,依靠。

大　意

　　从前商朝的兴起,是由于重用了在夏为臣的伊尹;周朝的兴起,是由于重用了在殷为官的吕牙。所以,英明的国君、贤能的将帅,能用有大智的人做间谍,一定能成就大的功业。这是用兵作战的要事,整个军队,都要依靠间谍提供情报而采取行动。

简　评

　　孙武在本篇中特别强调使用间谍侦察敌情的重要意义,认为这是用兵作战的要事之一,整个军队要依靠间谍提供的情报而采取行动。他斥责那种舍不得"爵禄百金"而不重用间谍侦察敌情的人,是"不仁之至也,非人之将也,非主之佐也,非胜之主也"。

在如何求得"知彼"、怎样才能"先知"敌情的问题上,孙武指出:"先知者不可取于鬼神,不可象于事,不可验于度,必取于人,知敌之情者也。"这是他朴素唯物主义思想的突出表现,与那种唯心主义天命观和先验论是针锋相对的。

在使用间谍问题上,孙武还提出了"五间俱起,莫知其道"的观点,强调使用各种间谍,以便广开情报来源,使敌人陷入茫然无从应付的境地。同时又指出,"非圣智不能用间","非微妙不能得间之实",强调在使用间谍时,必须机智、果敢和精心细致,以防止被敌人欺骗和利用。

不同的阶级有着不同的道德标准。在本篇中,孙武把不顾"百姓之费,公家之奉,日费千金","相守数年,以争一日之胜",反而爱惜爵禄百金,不肯重用间谍,以致因不知敌情而招致战争失败的人,视为"不仁之至"。由此可见,孙武是从新兴地主阶级的根本利益出发,把能够克敌制胜作为"仁"的准则,它与没落阶级假仁假义的虚伪说教有着本质的区别。

孙武在论述用间重要性的同时,过分夸大了"上智为间"的作用,甚至把商灭夏、周灭殷归之于所谓"上智"人物的个人作用,显然是不正确的,这是他英雄史观的又一表现。

附录一

孙 子 传

摘自《史记·孙子吴起列传》

孙子武者,齐人也。以兵法见于吴王阖庐。阖庐曰:
"子之十三篇,吾尽观之矣,可以小试勒兵乎?"对曰:
"可。"阖庐曰:"可试以妇人乎?"曰:"可。"于是许之,出宫
中美女,得百八十人。孙子分为二队,以王之宠姬二人各
为队长,皆令持戟。令之曰:"汝知而心与左右手背乎?"
妇人曰:"知之。"孙子曰:"前,则视心;左,视左手;右,视
右手;后,即视背。"妇人曰:"诺。"约束既布,乃设铁钺,即
三令五申之。于是鼓之右,妇人大笑。孙子曰:"约束不
明,申令不熟,将之罪也。"复三令五申而鼓之左,妇人复
大笑。孙子曰:"约束不明,申令不熟,将之罪也;既已明
而不如法者,吏士之罪也。"乃欲斩左右队长。吴王从台
上观,见且斩爱姬,大骇。趣使使下令曰:"寡人已知将军
能用兵矣。寡人非此二姬,食不甘味,愿勿斩也。"孙子
曰:"臣既已受命为将,将在军,君命有所不受。"遂斩队长

二人以徇。用其次为队长，于是复鼓之。妇人左右前后跪起皆中规矩绳墨，无敢出声。于是孙子使使报王曰："兵既整齐，王可试下观之，唯王所欲用之，虽赴水火犹可也。"吴王曰："将军罢休就舍，寡人不愿下观。"孙子曰："王徒好其言，不能用其实。"于是阖庐知孙子能用兵，卒以为将。西破强楚，入郢，北威齐晋，显名诸侯，孙子与有力焉。

译　文

　　孙武，齐国人。以兵法进见吴国国王阖庐。阖庐说："你的十三篇，我都看过了，可以小试一下指挥队伍吗？"回答说："可以。"阖庐说："可以用妇女来试吗？"孙武答："可以。"于是吴王允许派出宫中美女一百八十人。孙武把她们分为两队，用吴王宠爱的妃子二人为两队的队长，并令所有的人都拿着戟。下令说："你们知道你们的心背和左右手吗？"妇人回答说："知道。"孙武说："向前，就看心所对方向；向左，看左手方向；向右，看右手方向；向后，就看背的方向。"妇人们回答说："是。"约好记号，规定动作，宣布纪律以后，就把铁钺（大斧）排立起来，指着铁钺，宣布军法，并且反复地"三令五申"，然后击鼓发令向右，妇女们嘻嘻哈哈地大笑起来。孙武说："规定不明确，约令不熟悉，这是将帅的罪过。"再次三令五申，击鼓发令向左，妇女们又大笑。孙武说："规定不明确，约令不熟悉，那是将帅的罪过；既然已经再三反复说明了，仍然不执行命令,那就是下级士官的罪过了。"于是下令斩左右队长。吴王从台上看见要杀自己宠爱的妃子,大为惊骇,急忙派人传下命令说:"我已经知道将军善于用兵了。我没有这两个妃子连饭也吃不下,希望不要杀她们。"孙武说:"臣既然已经受命为将,将在军,君命有所不受。"便杀了两个队长示众。用下一名为队长。重新击鼓发令,妇人们左右前后跪起,都合乎规定和要求,没有敢出声的。孙武派人报告吴王说:"队伍已经训练整齐,王可以下来看看!任凭王想怎样用它,虽赴汤蹈火也可以。"吴王说:"将军结束训练回馆舍去吧!我不愿下去看了。"孙武说:"王只是爱好兵法的词句,并不能实际使用它。"阖庐从此了解孙武会用兵,终于用他为将。向西击破强大的楚国,攻入楚国的都城郢,北面威震齐、晋,吴国的威名在诸侯中大为显扬,孙武是出了力的。

附录二

银雀山汉墓竹简

《孙子兵法》释文

——摘自文物出版社 1976 年版 银雀山汉墓竹简《孙子兵法》

　　按：银雀山汉墓竹简《孙子兵法》释文，是原书编者根据 1972 年山东临沂银雀山汉墓出土的《孙子》残简整理而成的，分上下两编。上编为《孙子》十三篇，下编为《孙子》佚文。释文中的篇题，凡未加〔　〕号的，都是原有篇名；加〔　〕号的，为原书编者补加。释文中的□号，表示残简中无法辨识的字；□号外加〔　〕号的，表示竹简残断而缺去的字；……号表示由于竹简残断缺五字以上或缺整简。根据上下文义补出的缺字也用〔　〕号表示。假借字和古本字的注释用（　）表示。

上　编

〔计〕

　　〔□□〕曰:兵者,国之大事也。死生之地,存亡之道,不可不察也。故轻(经)之以五,效之以计,以索其请(情)。一曰道,二曰天,三曰地,四曰将,五曰法。道者,令民与上同意者也,故可与之死,可与之生,民弗诡也。天者,阴阳、寒暑、时制也,顺逆、兵胜也。地者,高下、广陕(狭)、远近、险易、死生也。将者,知(智)□……曲制、官道、主用也。凡此五者……孰能?天地孰得?法〔□□□□□〕孰强?士卒孰练?赏罚孰明?吾以此知胜……用而视(示)之不用,近而视(示)之远,〔远〕而视(示)之近。利而诱之,乱而取之,□〔□□□□□〕□之,怒而诔(挠)之,攻其……少□□□无筹……

作　战

　　孙子曰:凡用兵之法,驰□千驷……里而馈饟(粮),则外内……车甲之奉,日□□□内□……用战,胜久则顿(钝)……起,虽知(智)者,不能善其后矣。故……未有也。故不尽于知用兵……饟(粮)于敌〔□□〕食可足也。国之贫于师者,远者远输则百姓贫;近市者贵□□□□则

□及丘役。屈力中原,内虚于家。百〔□□〕费,十去其六……石。故杀适(敌)□……车战……卒共而养之,是胃(谓)胜敌而益强。故……

〔谋 攻〕

……其下攻城,〔攻〕城之法,修橹……□□三月而止□距闉有(又)三月然……戈(灾)也。故善用兵者,诎(屈)人之兵而非战〔□□□□□〕而非攻也,破人之国而非……天下,故……战之……所以患军……澶(既)疑,诸侯之……知可而战与不可而战,胜。知众……以虞待不……故兵知皮(彼)知己,百战不……

刑(形)

(甲)

孙子曰:昔善……适(敌)之可胜。不可胜在己,可胜在适(敌)。故善者……□使适(敌)可胜。故曰:胜可智(知)〔□〕不可为也。不可胜,守;可胜,攻也。守则有余,攻则不足。昔善守者,臧(藏)九地之下,动九……众人之所知,非善……曰善,非□□也。举〔□□□□□〕力,视日月不为明目,闻雷霆不为葱(聪)耳。所胃(谓)善者,胜易胜者也。故善者之战,无奇〔□〕,无智名,无勇功,故其胜不贷(忒)。不〔贷(忒)〕者,……□□胜□后战,败

〔□□□〕而后求胜。故善者修道□□法,故能为胜败正。法:一曰度,二曰量,三曰数,四曰称,五曰胜。地……胜。胜兵如以溢(镒)称朱(铢),败兵如以朱(铢)称溢(镒)。称胜者战民也,如决积水于千邪(仞)……

(乙)

……□适(敌)之可胜。不可胜在己,可胜在适(敌)。故善者能为不可胜……也。守则有余,攻则不足。昔善守者,臧(藏)九地之下,动九天之上,故……智(知),非善者也。战胜而天下曰善……易胜者也。故善〔□□□□〕奇胜,无智名,无〔□〕功,故其胜不贷(忒)。不贷(忒)者,其所错〔□〕胜败者也。善……败正。法:一曰度,二曰量,三曰数,四……生胜。胜兵如以溢(镒)称朱(铢),败兵如以朱(铢)称溢(镒)。称〔□〕者战民也,如决积〔□□□〕邪(仞)之壖,刑(形)也。

埶(势)

治众如治寡,分数是。斗众……可使毕受适(敌)而无败,□正□〔□□□□〕如以段(碫)……穷如天地,无谒(竭)如河海。冬(终)而复始,日月是……变不……之变,不可胜穷也。奇正环相生,如环之毋(无)端,孰能穷之?水之疾,至……可败,乱生于治,胁(怯)生于愿(勇),弱生于强。治乱,数也;愿(勇)胁(怯),埶(势)也;强〔□□〕

也。善动适（敌）者，刑（形）之，适（敌）必从之；〔□□□□〕取之。以此动之，以卒侍（待）之。故善战者，求之于埶（势），弗责于……木石。木石之生（性），安则静，危则动，方则……

实　虚

先处战地而侍（待）战者失（佚），后处战地而趋战者劳。故善战者，致人而不〔□□〕人。能使适（敌）〔□〕至者，利之也。能使适（敌）……能劳之，饱能饥之者，出于其所必〔□□〕。□行千里而不畏，行无人之地也。攻而必〔□□□〕所不守也。守而必固，守其所□〔□□□□□〕者，适（敌）不知所守；善守者，适（敌）不知□□……故能为适（敌）司命。进不可迎者，冲〔□□□□□〕可止者，远……适（敌）不得不〔□□□〕者，攻其所……之，适（敌）不得与我战者，胶其所之也。故善将者刑（形）人而无刑（形）〔□□〕榑而适（敌）分。我榑而为壹，适（敌）分而为十，是以十击壹也。我寡而适（敌）众，能以寡击□……地不可知，则适（敌）之所备者多。所备者多，则所战者寡矣。备前……者右寡，无不备者无不寡。寡〔□□□□□〕众者，使人备己者也。知战之日，知战之地，千里而战。不〔□□□〕日，不知战之地，前不能救后，后不能救前，左不能救〔□□〕不能救左，皇（况）远者数十里，近者数里□……□□胜弋（哉）？故曰：胜可擅也。适（敌）唯（虽）众，可毋斲(斗)也。故绩之而知动□……死生之地,计之〔□□〕得失之□,□之〔□□〕余不足之□。刑(形)兵之极,至于无刑(形),〔无刑(形)〕,则深间弗能规(窥)也,知(智)者弗能谋也。因刑(形)而错胜□……制刑(形)。所以胜者不……兵刑(形)象水,水行辟(避)高而走下,兵胜辟(避)实击虚。故水因地而制行,兵因敌而制胜。兵无成埶(势),无恒刑(形),能与敌化之胃(谓)神。五行无恒胜,四时〔□〕常立(位),日有短长,月有死生。·神要

军 〔争〕

……以□为直,以患……而诱之〔□□〕后人发,先人至者,知汙(迂)直之计者也。军争为利,军争〔□〕危。举军而争利则□不及,委军而〔□〕利则辎重捐。是故絭(卷)甲……□十一以至;五十里而争利,则厥(蹶)上将,法以半至;……军毋(无)辎重〔□□□〕粮食则亡,无委责(积)则亡。是故不知诸侯之谋者,不……能行军;不□乡(向)道(导)……分利,县(悬)权而动。先知汙(迂)直之道者〔□〕军争之法也。是故军……鼓金。视不相见,故为旌旗。是故昼战多旌旗,夜战多鼓金。〔鼓金〕旌旗者,所以壹民之耳目也。民澄(既)已槫(专)……将军可夺心□。……用兵者,辟(避)其兑(锐)气……劳,以饱侍(待)饥,此治力者也。毋要癛癛之旗,毋击堂堂之陈(阵),此治变者……倍(背)丘勿迎,详(佯)北勿从,围师遗阙,归

师勿谒（遏），此用众之法也。　　　四百六十五

〔九　变〕

……地则战，……攻，地有所不争，□……能得地……利，故务可信；杂于害，故忧患可……将有五〔□□□□〕杀。必生，……洁廉，可辱。爱民，可……危，不可不察也。

行〔军〕

……处高，战降毋登，……此处水上之军……交军沂泽之中，依……死后生，此处□……凡四军之利，黄帝之……无百疾，陵丘隄□处其阳，而右倍（背）之。此兵之利，地之助也。上雨水，水流至，止涉侍（待）其定〔□□□〕天井、天窖、天离、天翘、天郄，必亟去之，勿〔□□□〕远之，敌近之。吾……□筟（苇）、小林、翳荟（荟）、可伏匿者，谨复索之，奸之所处也。敌近而□者，恃其险也。敌远□……进者，其所居者易……军者也。□庳（卑）而备益者，进也。辞强而〔□〕歐（驱）者，退也。轻车先出居厕（侧）者〔□□□□□〕请和者，谋也。奔走陈兵者，期也。半进者，诱也。杖而立者，饥也。汲役先歠（饮）……而不进者，劳拳（倦）也。鸟□者，虚也。夜嘑者，恐也。军擾（扰）者，将不重也。……函（甀）者不反

(返)其舍者,穷寇也。□□閒閒□言人者,失其众者也。数赏者,窘也。数罚者……相去也,必谨察此。兵非多益,毋……而罚之,则不服,不服则难用也。卒已槫亲而罚不行,则不用。故合之以交,济之以……行,以教其民者,民服。素……

〔地〕 形

(《孙子》篇题木牍上有《□形》一题,位置在《九地》之前,应即本篇篇题,但未发现此篇简文。)

九 地

……轻地,有争地,有交地,有瞿(衢)地,有重地,有泛地,□围地,有死地。诸侯战……而得天□之众者,为瞿(衢)。入人之地深,倍(背)城邑多者,为重。行山林、沮泽,凡难行之道者,为□……□寡可〔□□〕吾众者,为围。疾则存,不疾则亡者,为死。是故散〔□□□□〕轻地则毋止,争……则行,围地则谋,死地则战。所胃(谓)古善战者,能使适(敌)人前后不相及也。……适(敌)众以正(整)将来,侍(待)之……听〔□□〕之请(情)主数(速)也,乘人之不给也……食;谨养而勿劳,并……谋,为不可贼(测)。投之毋(无)所往,死且不北,死焉……无所往则……所往则斗。是故不调而戒，不……非恶货也；无余死，非恶寿也。令发〔□□〕士坐者涕□□，卧〔□□□□〕投之无所往者，诸、岁之勇也。故善用军者，辟（譬）如卫然，卫然者，恒山之……击其尾则首至，击其中身则首尾俱至。敢问□可使若卫然虏（乎）？曰：可。越人与吴人相恶也，当其同周（舟）而济也，相救若□……齐勇若一……□已也。将军之事……之耳目，使无之。易其事〔□□□〕使民无识。易其□，于（迁）其□，使民不得……入诸侯之地，发其几（机），若歐（驱）群……变，诎（屈）信（伸）之利，人请（情）之理，不可不察也。凡为〔□□□〕榑，浅则散。□国越竟（境）而师者，绝地也。四彻（彻）者，蕈（衢）地也。……者，轻地也。倍（背）固前□〔□□□□〕倍（背）固前适（敌）者，死地也。毋（无）所往者，穷地也。〔□□□〕散地，吾将壹其志；轻地，吾将使之偻；争地，吾将使不留；交地也，吾将固其結；蕈（衢）地也，吾将谨其恃；〔□〕地也，吾将趣其后；泛地也，吾将进其□；围地也，吾将塞……□侯之请（情）：逴则御，不得已则斗，过则从。……利。四五者，一不智（知），非王霸之兵也。彼王霸之兵，伐大国则其众不……则其交不□合。是故不……可拔也，城可隋（隳）也。无法之赏，无正之令，犯三……以害，勿告以利。芋之亡地然而后存，陷……于害，然后能为败为……□□将，此胃（谓）巧事。是故正（政）与（举）□……其使，厉于郎（廊）上，以诛其事。适（敌）人开阖，必亟入之。先其所爱，微（微）与……

决战事。是故始如处……

火 攻

孙子曰：凡攻火有五：一曰火人，二曰火渍（积），三曰火辎，四曰火库，五曰火〔□□〕火有因，因必素具。发火有时，起火有日。时者，天……四者，风之起日也。火发□……火发其兵静而勿攻，极其火央，可从而从〔□□□□〕止之。火可发于外，毋寺（待）于内，以时发之。火□上风，毋攻……数守之。故以火佐攻者明，以水佐攻者强。水可……得，不隋其功者，凶，命之曰费留。故曰：明主虑之，良将随之。非利〔□□□□〕不用，非危不战。主不可以怒兴军，将不可以愠（愠）战。合乎利而用，不合而止。怒可复喜也，愠（愠）可复……

用 间

孙子曰：凡……里，百生（姓）之费，□……知适（敌）之请（情）者，不仁之至也，非民之将也，非主〔□□□□□〕之注（主）也。故……不可验于度，必取于人知者。故用间……反间，有死间，有生间……神纪，人君之葆（宝）也。生间者，反报……乡人而用者也。内间者，因……三军之亲，莫亲于间，赏莫厚于间，事……非仁不能使……之葆。密弋（哉）密弋（哉），毋（无）所不用间

〔□□〕事未发,闻间□……用也。因是而知之,故乡间、内间可得而使也。……五间之事,必知之,……可不厚也。□……在夏。周之兴也,吕牙在□〔□□□□〕□卫师比在陉。燕之兴也,苏秦在齐。唯明主贤……

下　编

吴　问

吴王问孙子曰:"六将军分守晋国之地,孰先亡? 孰固成?"孙子曰:"范、中行是(氏)先亡。""孰为之次?""智是(氏)为次。""孰为之次?""韩、巍(魏)为次。赵毋失其故法,晋国归焉。"吴王曰:"其说可得闻乎?"孙子曰:"可。范、中行是(氏)制田,以八十步为婉(畹),以百六十步为畇(亩),而伍税之。其□田陕(狭),置士多,伍税之,公家富。公家富,置士多。主乔(骄)臣奢,冀功数战,故曰先〔亡〕。……公家富,置士多,主乔(骄)臣奢,冀功数战,故为范、中行是(氏)次。韩、巍(魏)制田,以百步为婉(畹),以二百步为畇(亩),而伍税〔之〕。其□田陕(狭),其置士多。伍税之,公家富。公家富,置士多,主乔(骄)臣奢,冀功数战,故为智是(氏)次。赵是(氏)制田,以百廿步为婉(畹),以二百卌步为畇(亩),公无税焉。公家贫,其置士少,主金臣收,以御富民,故曰固国。晋国归焉。"吴王曰:"善。王者之道,□□厚爱其民者也。"　　　二百八十四

〔四　变〕

……〔徐(途)有所不由,军有所不击〕,城有所不攻,地有所不争,君令有〔所不行〕。

徐(途)之所不由者,曰:"浅入则前事不信,深入则后利不棲(接)。动则不利,立则囚。如此者,弗由也。

军之所不毁(击)者,曰:两军交和而舍,计吾力足以破其军,獾其将。远计之,有奇埶(势)巧权于它,而军……□将。如此者,军唯(虽)可毁(击),弗毁(击)也。

城之所不攻者,曰:计吾力足以拔之,拔之而不及利于前,得之而后弗能守。若力〔□〕之,城必不取。及于前,利得而城自降,利不得而不为害于后。若此者,城唯(虽)可攻,弗攻也。

地之所不争者,曰:山谷水□无能生者,□□□而□□……虚。如此者,弗争也。

君令有所不行者,君令有反此四变者,则弗行也。……行也。事……变者,则智(知)用兵矣。

黄帝伐赤帝

孙子曰:〔黄帝南伐赤帝,至于□□〕,战于反山之原,右阴,顺术,倍(背)冲,大威(灭)有之。〔□年〕休民,□穀,赦罪。东伐□帝,至于襄平,战于平□,〔右阴〕,顺术,倍（背）冲，大威（灭）〔有之。□〕年休民，□穀，赦罪。北伐黑帝，至于武隧，〔战于□□，右阴，顺术，倍冲，大威有之。□年休民，□穀，赦罪〕。西伐白帝，至于武刚，战于〔□□，右阴，顺术，倍冲，大威有〕之。已胜四帝，大有天下，暴者……以利天下，天下四面归之。汤之伐桀也，〔至于□□〕，战于薄田，右阴，顺术，倍（背）冲，大威（灭）有之。武王之伐〔纣〕，至于菝遂，战牧之野，右阴，顺术，〔倍冲，大威〕有之。一帝二王皆得天之道、□之□、民之请（情），故……

〔地〕刑（形）二

〔□〕地刑（形）东方为左，西方为〔右〕……

……首，地平用左，军……

……地也。交□水□……

……者，死地也。产草者□……

……地刚者，毋□□□也□……

……〔天〕离、天井、天宛□……

……是胃（谓）重利。前之，是胃（谓）猷守。右之，是胃（谓）天固。左之，是胃（谓）……

……所居高曰建堂，□曰□〔□〕□遂左水曰利，右水曰积……

……□五月度□地，七月□……

……三军出陈（阵），不问朝夕，右负丘陵，左前水泽，顺者……

……九地之法,人请(情)之里(理),不可不□……

〔见吴王〕

……□于孙子之馆,曰:"不穀好……兵者与(欤)?"孙……乎?不穀之好兵□□□之□□□也,适之好之也。"孙子曰:"兵,利也,非好也。兵,□〔也〕,非戏也。君王以好与戏问之,外臣不敢对。"盖(阖)庐曰:"不穀未闻道也,不敢趣之利与……□孙子曰:"唯君王之所欲,以贵者可也,贱者可也,妇人可也。试男于右,试女于左,□□□□……曰:"不穀顝(愿)以妇人。"孙子曰:"妇人多所不忍,臣请代……畏,有何悔乎?"孙子曰:"然则请得宫□□……之国左后玺圂之中,以为二陈(阵)□□……□曰:"陈(阵)未成,不足见也。及已成……□也。君王居台上而侍(待)之,臣……□至日中请令……陈(阵)已成矣,□□听……□□不□不难。"君曰:"若(诺)。"孙子以其御为……参乘为舆司空,告其御、参乘曰:"□□……□妇人而告之曰:"知女(汝)右手?"……之。""知女(汝)心?"曰:"知之。""知女(汝)北(背)?"曰:"知之。""……左手。胃(谓)女(汝)前,从女(汝)心。胃(谓)女(汝)……人生也,若夫发令而从,不听者诛□□……□不从令者也。七周而泽(释)之,鼓而前之……〔三告而〕五申之,鼓而前之,妇人乱而〔□□□〕金而坐之,有(又)三告而五申之,鼓而前之,妇人乱而笑。三告而五申者三矣,而令猷(犹)不行。孙子乃召其司马与舆司空而告之曰:"兵法曰:弗令弗闻,君将之罪也;已令已申,卒长之罪也。兵法曰:赏善始贱,罚……□请谢之。"孙子曰:"君□……引而员(圆)之,员(圆)中规;引而方之,方中巨(矩)。……盖(阖)庐六日不自□□□□□……□□□□孙子再拜而起曰:"道得矣。……□□□长远近习此教也,以为恒命。此素教也,将之道也。民……□莫贵于威。威行于众,严行于吏,三军信其将畏(威)者,乘其适(敌)。"　　　千□十五

＊　　　＊　　　＊

……而用之,□□□得矣。若□十三扁(篇)所……

……〔十〕三扁(篇)所明道言功也,诚将闻□……

……□而试之□得□……

……〔孙〕子曰:"古(姑)试之,得而用之,无不□……

……□□□之孙子曰:"外内贵贱得矣。"孙……

……□不榖请学之。"为终食而□……

……将军□不榖不敢不□……

……□也。请合之于□□□之于……

……者□□也。孙子……

……孙子曰:□……

……孙子……

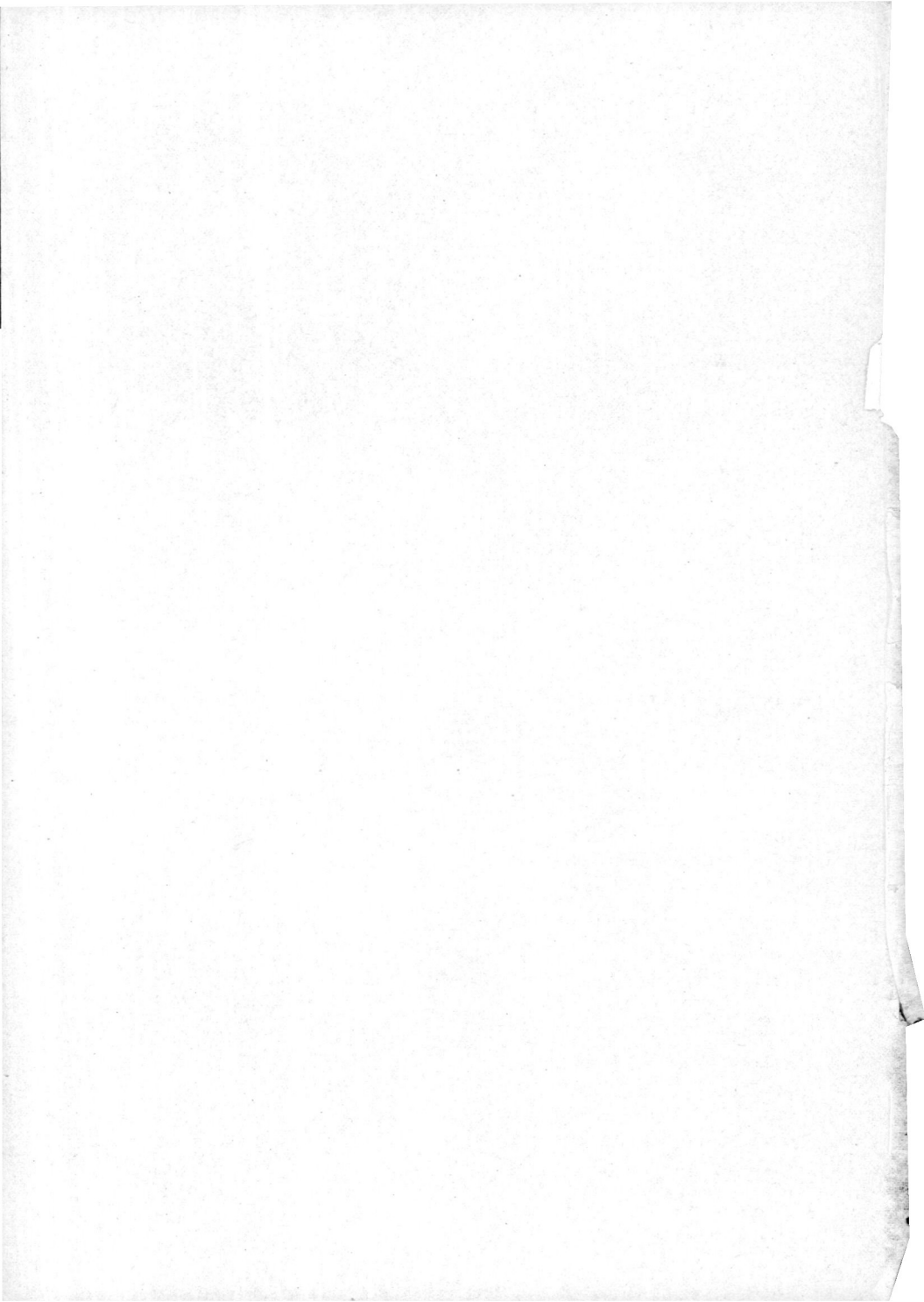